TEORIA GERAL DO ESTADO

Sergio Pinto Martins

TEORIA GERAL DO ESTADO

3ª edição
2022

saraiva jur

saraiva EDUCAÇÃO | saraiva jur

Av. Paulista, 901, Edifício CYK, 3º andar
Bela Vista – SP – CEP 01310-100

SAC | sac.sets@saraivaeducacao.com.br

Diretoria executiva Flávia Alves Bravin
Diretoria editorial Ana Paula Santos Matos
Gerência editorial e de projetos Fernando Penteado

Novos projetos Dalila Costa de Oliveira

Gerência editorial Isabella Sánchez de Souza
Edição Daniel Pavani Naveira

Produção editorial Daniele Debora de Souza (coord.)
Rosana Peroni Fazolari

Arte e digital Mônica Landi (coord.)
Camilla Felix Cianelli Chaves
Claudirene de Moura Santos Silva
Deborah Mattos
Guilherme H. M. Salvador
Tiago Dela Rosa

Projetos e serviços editoriais Daniela Maria Chaves Carvalho
Emily Larissa Ferreira da Silva
Kelli Priscila Pinto
Klariene Andrielly Giraldi

Diagramação Claudirene de Moura Santos Silva
Edson Colobone
Revisão Ivone Rufino Calabria
Capa Tiago Dela Rosa
Produção gráfica Marli Rampim
Sergio Luiz Pereira Lopes

Impressão e acabamento

DADOS INTERNACIONAIS DE CATALOGAÇÃO NA PUBLICAÇÃO (CIP)
VAGNER RODOLFO DA SILVA - CRB-8/9410

M386t Martins, Sergio Pinto

Teoria geral do Estado / Sergio Pinto Martins. - 3. ed. - São Paulo : SaraivaJur, 2022.
222 p.

ISBN: 978-65-5559-749-3

1. Direito. 2. Teoria Geral do Estado. 3. Povo. 4. Território. 5. Soberania. 6. Sistemas de governo. 7. Regimes jurídicos. 8. Sistemas eleitorais. I. Título.

2021-3078 CDD 340
CDU 34

Índices para catálogo sistemático:
1. Direito 340
2. Direito 34

Data de fechamento da edição: 1º-10-2021

Dúvidas? Acesse www.editorasaraiva.com.br/direito

CL 607205 CAE 776047

"Se você lê o mesmo que todo mundo lê, acaba pensando o mesmo que todo mundo pensa." Haruki Murakami

Ler mais de um livro sobre Teoria do Estado me fez ter uma concepção e um aprendizado muito melhor sobre o tema.

TRABALHOS DO AUTOR

LIVROS

1. *Imposto sobre serviços* – ISS. São Paulo: Atlas, 1992.
2. *Direito da seguridade social*. 39. ed. São Paulo: Saraiva, 2020.
3. *Direito do trabalho*. 37. ed. São Paulo: Saraiva, 2021.
4. *A terceirização e o direito do trabalho*. 15. ed. São Paulo: Saraiva, 2018.
5. *Manual do ISS*. 10. ed. São Paulo: Saraiva, 2017.
6. *Participação dos empregados nos lucros das empresas*. 5. ed. São Paulo: Saraiva, 2021.
7. *Práticas discriminatórias contra a mulher e outros estudos*. São Paulo: LTr, 1996.
8. *Contribuição confederativa*. São Paulo: LTr, 1996.
9. *Medidas cautelares*. São Paulo: Malheiros, 1996.
10. *Manual do trabalho doméstico*. 14. ed. São Paulo: Saraiva, 2018.
11. *Tutela antecipada e tutela específica no processo do trabalho*. 4. ed. São Paulo: Atlas, 2013.
12. *Manual do FGTS*. 5. ed. São Paulo: Saraiva, 2017.
13. *Comentários à CLT*. 23. ed. São Paulo: Saraiva, 2020.
14. *Manual de direito do trabalho*. 14. ed. São Paulo: Saraiva, 2021.
15. *Direito processual do trabalho*. 43. ed. São Paulo: Saraiva, 2021.
16. *Contribuições sindicais*. 6. ed. São Paulo: Saraiva, 2020.
17. *Contrato de trabalho de prazo determinado e banco de horas*. 4. ed. São Paulo: Atlas, 2002.
18. *Estudos de direito*. São Paulo: LTr, 1998.
19. *Legislação previdenciária*. 23. ed. São Paulo: Saraiva, 2020.
20. *Síntese de direito do trabalho*. Curitiba: JM, 1999.
21. *A continuidade do contrato de trabalho*. 2. ed. São Paulo: Saraiva, 2019.
22. *Flexibilização das condições de trabalho*. 6. ed. São Paulo: Saraiva, 2020.
23. *Legislação sindical*. São Paulo: Atlas, 2000.
24. *Comissões de conciliação prévia*. 3. ed. São Paulo: Atlas, 2008.
25. *Col. Fundamentos: direito processual do trabalho*. 20. ed. São Paulo: Saraiva, 2017.
26. *Instituições de direito público e privado*. 18. ed. São Paulo: Saraiva, 2018.
27. *Col. Fundamentos: direito do trabalho*. 21. ed. São Paulo: Saraiva, 2020.
28. *Col. Fundamentos: direito da seguridade social*. 17. ed. São Paulo: Saraiva, 2016.
29. *O pluralismo do direito do trabalho*. 2. ed. São Paulo: Saraiva, 2016.
30. *Greve no serviço público*. 2. ed. São Paulo: Saraiva, 2017.
31. *A execução da contribuição previdenciária na justiça do trabalho*. 5. ed. São Paulo: Saraiva, 2019.
32. *Manual de direito tributário*. 18. ed. São Paulo: Saraiva, 2019.
33. *CLT Universitária*. 22. ed. São Paulo: Saraiva, 2017.
34. *Cooperativas de trabalho*. 7. ed. São Paulo: Saraiva, 2020.
35. *Reforma previdenciária*. 3. ed. São Paulo: Saraiva, 2020.
36. *Manual da justa causa*. 7. ed. São Paulo: Saraiva, 2018.
37. *Comentários às súmulas do TST*. 16. ed. São Paulo: Saraiva, 2016.
38. *Constituição. CLT. Legislação previdenciária e legislação complementar*. 3. ed. São Paulo: Atlas, 2012.
39. *Dano moral decorrente do contrato de trabalho*. 3. ed. São Paulo: Atlas, 2012.
40. *Profissões regulamentadas*. 2. ed. São Paulo: Atlas, 2013.
41. *Direitos fundamentais trabalhistas*. 3. ed. São Paulo: Saraiva, 2020.
42. *Convenções da OIT*. 3. ed. São Paulo: Saraiva, 2016.
43. *Estágio e relação de emprego*. 3. ed. São Paulo: Atlas, 2012.
44. *Comentários às Orientações Jurisprudenciais da SBDI-1 e 2 do TST*. 7. ed. São Paulo: Saraiva, 2016.
45. *Direitos trabalhistas do atleta profissional de futebol*. 2. ed. São Paulo: Saraiva, 2016.
46. *Prática trabalhista*. 9. ed. São Paulo: Saraiva, 2019.
47. *Assédio moral*. 5. ed. São Paulo: Saraiva, 2017.
48. Comentários à Lei n. 8.212/91. *Custeio da Seguridade Social*. 2. ed. São Paulo: Saraiva, 2021.
49. Comentários à Lei n. 8.213/91. *Benefícios da Previdência Social*. 2. ed. São Paulo: Saraiva, 2021.
50. *Prática previdenciária*. 5. ed. São Paulo: Saraiva, 2019.
51. *Teoria geral do processo*. 6. ed. São Paulo: Saraiva, 2021.
52. *Teoria geral do estado*. 2. ed. São Paulo: Saraiva, 2018.
53. *Introdução ao estudo do direito*. São Paulo: Saraiva, 2018.
54. *Reforma trabalhista*. São Paulo: Saraiva, 2018.

ARTIGOS

1. A dupla ilegalidade do IPVA. *Folha de S. Paulo*, São Paulo, 12 mar. 1990. Caderno C, p. 3.
2. Descumprimento da convenção coletiva de trabalho. *LTr*, São Paulo, n. 54-7/854, jul. 1990.
3. Franchising ou contrato de trabalho? *Repertório IOB de Jurisprudência*, n. 9, texto 2/4990, p. 161, 1991.
4. A multa do FGTS e o levantamento dos depósitos para aquisição de moradia. *Orientador Trabalhista – Suplemento de Jurisprudência e Pareceres*, n. 7, p. 265, jul. 1991.
5. O precatório e o pagamento da dívida trabalhista da fazenda pública. *Jornal do II Congresso de Direito Processual do Trabalho*, jul. 1991, p. 42. (Promovido pela LTr Editora.)
6. As férias indenizadas e o terço constitucional. *Orientador Trabalhista Mapa Fiscal – Suplemento de Jurisprudência e Pareceres*, n. 8, p. 314, ago. 1991.
7. O guarda de rua contratado por moradores. Há relação de emprego? *Folha Metropolitana*, Guarulhos, 12 set. 1991, p. 3.
8. O trabalhador temporário e os direitos sociais. *Informativo Dinâmico IOB*, n. 76, p. 1164, set. 1991.
9. O serviço prestado após as cinco horas em sequência ao horário noturno. *Orientador Trabalhista Mapa Fiscal – Suplemento de Jurisprudência e Pareceres*, n. 10, p. 414, out. 1991.
10. Incorporação das cláusulas normativas nos contratos individuais do trabalho. *Jornal do VI Congresso Bra-*

sileiro de Direito Coletivo do Trabalho e V Seminário sobre Direito Constitucional do Trabalho, nov. 1991, p. 43. (Promovido pela LTr Editora.)

11. Adicional de periculosidade no setor de energia elétrica: algumas considerações. *Orientador Trabalhista Mapa Fiscal – Suplemento de Jurisprudência e Pareceres*, n. 12, p. 544, dez. 1991.
12. Salário-maternidade da empregada doméstica. *Folha Metropolitana*, Guarulhos, 2-3 fev. 1992, p. 7.
13. Multa pelo atraso no pagamento de verbas rescisórias. *Repertório IOB de Jurisprudência*, n. 1, texto 2/5839, p. 19, 1992.
14. Base de cálculo dos adicionais. *Orientador Trabalhista Mapa Fiscal – Suplemento de Legislação, Jurisprudência e Doutrina*, n. 2, p. 130, fev. 1992.
15. Base de cálculo do adicional de insalubridade. *Orientador Trabalhista Mapa Fiscal – Suplemento de Legislação, Jurisprudência e Doutrina*, n. 4, p. 230, abr. 1992.
16. Limitação da multa prevista em norma coletiva. *Repertório IOB de Jurisprudência*, n. 10, texto 2/6320, p. 192, 1992.
17. Estabilidade provisória e aviso prévio. *Orientador Trabalhista Mapa Fiscal – Suplemento de Legislação, Jurisprudência e Doutrina*, n. 5, p. 279, maio 1992.
18. Contribuição confederativa. *Orientador Trabalhista Mapa Fiscal – Suplemento de Legislação, Jurisprudência e Doutrina*, n. 6, p. 320, jun. 1992.
19. O problema da aplicação da norma coletiva de categoria diferenciada à empresa que dela não participou. *Orientador Trabalhista Mapa Fiscal – Suplemento de Legislação, Jurisprudência e Doutrina*, n. 7, p. 395, jul. 1992.
20. Intervenção de terceiros no processo de trabalho: cabimento. *Jornal do IV Congresso Brasileiro de Direito Processual do Trabalho*, jul. 1992, p. 4. (Promovido pela LTr Editora.)
21. Relação de emprego: dono de obra e prestador de serviços. *Folha Metropolitana*, Guarulhos, 21 jul. 1992, p. 5.
22. Estabilidade provisória do cipeiro. *Orientador Trabalhista Mapa Fiscal – Suplemento de Legislação, Jurisprudência e Doutrina*, n. 8, p. 438, ago. 1992.
23. O ISS e a autonomia municipal. *Suplemento Tributário LTr*, n. 54, p. 337, 1992.
24. Valor da causa no processo do trabalho. *Suplemento Trabalhista LTr*, n. 94, p. 601, 1992.
25. Estabilidade provisória do dirigente sindical. *Orientador Trabalhista Mapa Fiscal – Suplemento de Legislação, Jurisprudência e Doutrina*, n. 9, p. 479, set. 1992.
26. Estabilidade no emprego do aidético. *Folha Metropolitana*, Guarulhos, 20-21 set. 1992, p. 16.
27. Remuneração do engenheiro. *Orientador Trabalhista Mapa Fiscal – Suplemento de Legislação, Jurisprudência e Doutrina*, n. 10, p. 524, out. 1992.
28. Estabilidade do acidentado. *Repertório IOB de Jurisprudência*, n. 22, texto 2/6933, p. 416, 1992.
29. A terceirização e suas implicações no direito do trabalho. *Orientador Trabalhista Mapa Fiscal – Legislação, Jurisprudência e Doutrina*, n. 11, p. 583, nov. 1992.
30. Contribuição assistencial. *Jornal do VII Congresso Brasileiro de Direito Coletivo do Trabalho e VI Seminário sobre Direito Constitucional do Trabalho*, nov. 1992, p. 5.
31. Descontos do salário do empregado. *Orientador Trabalhista Mapa Fiscal – Suplemento de Legislação, Jurisprudência e Doutrina*, n. 12, p. 646, dez. 1992.
32. Transferência de empregados. *Orientador Trabalhista Mapa Fiscal – Suplemento de Legislação, Jurisprudência e Doutrina*, n. 1, p. 57, jan. 1993.
33. A greve e o pagamento dos dias parados. *Orientador Trabalhista Mapa Fiscal – Suplemento de Legislação, Jurisprudência e Doutrina*, n. 2, p. 138, fev. 1993.
34. Auxílio-doença. *Folha Metropolitana*, Guarulhos, 30 jan. 1993, p. 5.
35. Salário-família. *Folha Metropolitana*, Guarulhos, 16 fev. 1993, p. 5.
36. Depósito recursal. *Repertório IOB de Jurisprudência*, n. 4, texto 2/7239, p. 74, fev. 1993.
37. Terceirização. *Jornal Magistratura & Trabalho*. n. 5, p. 12, jan. e fev. 1993.
38. Auxílio-natalidade. *Folha Metropolitana*, Guarulhos, 9 mar. 1993, p. 4.
39. A diarista pode ser considerada empregada doméstica? *Orientador Trabalhista Mapa Fiscal – Suplemento Trabalhista Mapa Fiscal – Suplemento de Legislação, Jurisprudência e Doutrina*, n. 3/93, p. 207.
40. Renda mensal vitalícia. *Folha Metropolitana*, Guarulhos, 17 mar. 1993, p. 6.
41. Aposentadoria espontânea com a continuidade do aposentado na empresa. *Jornal do Primeiro Congresso Brasileiro de Direito Individual do Trabalho*, 29 e 30 mar. 1993, p. 46-47. (Promovido pela LTr Editora.)
42. Relação de emprego e atividades ilícitas. *Orientador Trabalhista Mapa Fiscal – Suplemento de Legislação, Jurisprudência e Doutrina*, n. 5/93, p. 345.
43. Conflito entre norma coletiva do trabalho e legislação salarial superveniente. *Revista do Advogado*, n. 39, p. 69, maio 1993.
44. Condição jurídica do diretor de sociedade em face do direito do trabalho. *Orientador Trabalhista Mapa Fiscal – Suplemento de Legislação, Jurisprudência e Doutrina*, n. 6/93, p. 394.
45. Equiparação salarial. *Orientador Trabalhista Mapa Fiscal – Suplemento de Legislação, Jurisprudência e Doutrina*, n. 7/93, p. 467.
46. Dissídios coletivos de funcionários públicos. *Jornal do V Congresso Brasileiro de Direito Processual do Trabalho*, jul. 1993, p. 15. (Promovido pela LTr Editora.)
47. Contrato coletivo de trabalho. *Orientador Trabalhista Mapa Fiscal – Suplemento de Legislação, Jurisprudência e Doutrina*, n. 8/93, p. 536.
48. Reintegração no emprego do empregado aidético. *Suplemento Trabalhista LTr*, n. 102/93, p. 641.
49. Incidência da contribuição previdenciária nos pagamentos feitos na Justiça do Trabalho. *Orientador Trabalhista Mapa Fiscal – Suplemento de Legislação, Jurisprudência e Doutrina*, n. 9/93, p. 611.
50. Contrato de trabalho por obra certa. *Orientador Trabalhista Mapa Fiscal – Suplemento de Legislação, Jurisprudência e Doutrina*, n. 10/93, p. 674.
51. Autoaplicabilidade das novas prestações previdenciárias da Constituição. *Revista de Previdência Social*, n. 154, p. 697, set. 1993.
52. Substituição processual e o Enunciado 310 do TST. *Orientador Trabalhista Mapa Fiscal – Suplemento de Legislação, Jurisprudência e Doutrina*, n. 11/93, p. 719.
53. Litigância de má-fé no processo do trabalho. *Repertório IOB de Jurisprudência*, n. 22/93, texto 2/8207, p. 398.
54. Constituição e custeio do sistema confederativo. *Jornal do VIII Congresso Brasileiro de Direito Coleti-*

vo do Trabalho e VII Seminário sobre Direito Constitucional do Trabalho, nov. 1993, p. 68. (Promovido pela LTr Editora.)

55. Participação nos lucros. *Orientador Trabalhista Mapa Fiscal – Suplemento de Legislação, Jurisprudência e Doutrina*, n. 12/93, p. 778.
56. Auxílio-funeral. *Folha Metropolitana*, Guarulhos, 22-12-1993, p. 5.
57. Regulamento de empresa. *Orientador Trabalhista Mapa Fiscal – Suplemento de Legislação, Jurisprudência e Doutrina*, n 1/94, p. 93.
58. Aviso prévio. *Orientador Trabalhista Mapa Fiscal – Suplemento de Legislação, Jurisprudência e Doutrina*, n. 2/94, p. 170.
59. Compensação de horários. *Orientador Trabalhista Mapa Fiscal – Suplemento de Legislação, Jurisprudência e Doutrina*, n. 3/94, p. 237.
60. Controle externo do Judiciário. *Folha Metropolitana*, Guarulhos, 10-3-1994, p. 2; *Folha da Tarde*, São Paulo, 26-3-1994, p. A2.
61. Aposentadoria dos juízes. *Folha Metropolitana*, Guarulhos, 11-3-1994, p. 2; *Folha da Tarde*, São Paulo, 23-3-1994, p. A2.
62. Base de cálculo da multa de 40% do FGTS. *Jornal do Segundo Congresso Brasileiro de Direito Individual do Trabalho*, promovido pela LTr, 21 a 23-3-1994, p. 52.
63. Denunciação da lide no processo do trabalho. *Repertório IOB de Jurisprudência*, n. 7/94, abr. 1994, p. 117, texto 2/8702.
64. A quitação trabalhista e o Enunciado n. 330 do TST. *Orientador Trabalhista Mapa Fiscal – Suplemento de Legislação, Jurisprudência e Doutrina*, n. 4/94, p. 294.
65. A indenização de despedida prevista na Medida Provisória n. 457/94. *Repertório IOB de Jurisprudência*, n. 9/94, p. 149, texto 2/8817.
66. A terceirização e o Enunciado n. 331 do TST. *Orientador Trabalhista Mapa Fiscal – Suplemento de Legislação, Jurisprudência e Doutrina*, n. 5/94, p. 353.
67. Superveniência de acordo ou convenção coletiva após sentença normativa – prevalência. *Orientador Trabalhista Mapa Fiscal – Suplemento de Legislação, Jurisprudência e Doutrina*, n. 6/94, p. 386.
68. Licença-maternidade da mãe adotiva. *Orientador Trabalhista Mapa Fiscal – Suplemento de Legislação, Jurisprudência e Doutrina*, n. 7/94, p. 419.
69. Medida cautelar satisfativa. *Jornal do 6° Congresso Brasileiro de Direito Processual do Trabalho*, promovido pela LTr nos dias 25 a 27-7-1994, p. 58.
70. Estabelecimento prestador do ISS. *Suplemento Tributário LTr*, n. 35/94, p. 221.
71. Turnos ininterruptos de revezamento. *Orientador Trabalhista Mapa Fiscal – Suplemento de Legislação, Jurisprudência e Doutrina*, n. 8/94, p. 468.
72. Considerações em torno do novo Estatuto da OAB. *Repertório IOB de Jurisprudência*, n. 17/94, set. 1994, p. 291, texto 2/9269.
73. Diárias e ajudas de custo. *Orientador Trabalhista Mapa Fiscal – Suplemento de Legislação, Jurisprudência e Doutrina*, n. 9/94, p. 519.
74. Reajustes salariais, direito adquirido e irredutibilidade salarial. *Orientador Trabalhista Mapa Fiscal – Suplemento de Legislação, Jurisprudência e Doutrina*, n. 10/94, p. 586.
75. Os serviços de processamento de dados e o Enunciado n. 239 do TST. *Orientador Trabalhista Mapa Fiscal – Suplemento de Legislação, Jurisprudência e Doutrina*, n. 11/94, p. 653.
76. Desnecessidade de depósito administrativo e judicial para discutir o crédito da seguridade social. *Orientador Trabalhista Mapa Fiscal – Suplemento de Legislação, Jurisprudência e Doutrina*, n. 12/94, p. 700.
77. Número máximo de dirigentes sindicais beneficiados com estabilidade. *Repertório IOB de Jurisprudência*, n. 24/94, dez. 1994, p. 408, texto 2/9636.
78. Participação nos lucros e incidência da contribuição previdenciária. *Revista de Previdência Social*, n. 168, nov. 1994, p. 853.
79. Proteção do trabalho da criança e do adolescente – considerações gerais. *BTC – Boletim Tributário Contábil – Trabalho e Previdência*, dez. 1994, n. 51, p. 625.
80. Critérios de não discriminação no trabalho. *Orientador Trabalhista Mapa Fiscal – Suplemento de Legislação, Jurisprudência e Doutrina*, n. 1/95, p. 103.
81. Embargos de declaração no processo do trabalho e a Lei n. 8.950/94 que altera o CPC. *Repertório IOB de Jurisprudência*, n. 3/95, fev. 1995, texto 2/9775, p. 41.
82. Empregado doméstico – Questões polêmicas. *Orientador Trabalhista Mapa Fiscal – Suplemento de Legislação, Jurisprudência e Doutrina*, n.2/95, p. 152.
83. Não concessão de intervalo para refeição e pagamento de hora extra. *Orientador Trabalhista Mapa Fiscal – Suplemento de Legislação, Jurisprudência e Doutrina*, n. 3/95, p. 199.
84. Lei altera artigo da CLT e faz prover conflitos. *Revista Literária de Direito*, mar./abr. 1995, p. 13.
85. Empregados não sujeitos ao regime de duração do trabalho e o artigo 62 da CLT. *Orientador Trabalhista Mapa Fiscal – Suplemento de Legislação, Jurisprudência e Doutrina*, n. 4/95, p. 240.
86. A Justiça do Trabalho não pode ser competente para resolver questões entre sindicato de empregados e empregador. *Revista Literária de Direito*, maio/jun. 1995, p. 10.
87. Minutos que antecedem e sucedem a jornada de trabalho. *Orientador Trabalhista Mapa Fiscal – Suplemento de Legislação, Jurisprudência e Doutrina*, n. 5/95, p. 297.
88. Práticas discriminatórias contra a mulher e a Lei n. 9.029/95. *Repertório IOB de Jurisprudência*, n. 11/95, jun. 1995, p. 149, texto 2/10157.
89. Conflito entre a nova legislação salarial e a norma coletiva anterior. *Orientador Trabalhista Mapa Fiscal – Suplemento de Legislação, Jurisprudência e Doutrina*, n. 6/95, p. 362.
90. Imunidade tributária. *Suplemento Tributário LTr*, 34/95, p. 241.
91. Cogestão. *Revista do Tribunal Regional do Trabalho da 8ª Região*, v. 28, n. 54, jan./jun. 1995, p. 101.
92. Licença-paternidade. *Orientador Trabalhista Mapa Fiscal – Suplemento de Legislação, Jurisprudência e Doutrina*, n. 7/95, p. 409.
93. Embargos de declaração. *Jornal do VII Congresso Brasileiro de Direito Processual do Trabalho*, São Paulo, Ed. LTr, 24 a 26 jul. 1995, p. 54.
94. Reforma da constituição e direitos previdenciários. *Jornal do VIII Congresso Brasileiro de Previdência Social*, n. 179, out. 1995, p. 723.
95. Ação declaratória incidental e coisa julgada no processo do trabalho. *Suplemento Trabalhista LTr 099/95*, p. 665 e *Revista do TRT da 8ª Região*, Belém, v. 28, n. 55, jul./dez. 1995, p. 39.

Sumário

Nota do Autor

A ideia de estudar a Teoria do Estado vem do tempo que fiz minhas pesquisas para elaborar o livro *Pluralismo do direito do trabalho* (2000).

Tive de estudar as teorias e os autores a respeito do monismo e do pluralismo jurídico, que importava em pesquisar no referido aspecto os autores de Teoria do Direito, de Teoria do Estado e a Filosofia do Direito.

Também tenho admiração pelo Estado Medieval, dos castelos europeus, principalmente no período do reinado de Luís XIV, tanto que já tinha feito um estudo sobre este último.

Já havia escrito o capítulo de Teoria do Estado do meu livro *Instituições de direito público e privado*. Tinha feito pesquisas para melhorar o referido capítulo do livro, principalmente em aspectos históricos e teóricos. Entretanto, o referido capítulo não iria servir como um livro, mas serviu de base para ir ampliando o estudo da Teoria do Estado.

Muitos livros estudados são bons, mas seus autores não são didáticos na exposição, o que dificulta a leitura do aluno e daquele que vai estudar pela primeira vez a Teoria do Estado, principalmente pelo fato de que a matéria é ministrada no primeiro ano do curso de Direito. Espero, nesse ponto, ter feito um livro didático e compreensível para o estudante.

Há certos livros que tratam da Teoria do Estado e ao mesmo tempo do Direito Constitucional. Existem livros que têm certa matéria e não têm outra e vice-versa.

Foi um livro difícil e trabalhoso de escrever, que avançava muitas vezes de forma lenta, mas foi muito proveitoso do ponto de vista da aprendizagem, de reler certos temas e autores, além do que muitos assuntos não tinham sido devidamente estudados. Representou também a necessidade de estudo de vários aspectos da História, de cultura, de Filosofia do Direito, que é sempre bom relembrar ou conhecer.

Introdução

O Estado será estudado a partir de suas origens na família e na sociedade. São indicadas as teorias da origem do Estado e analisada sua evolução em cada fase da História.

É preciso verificar se o Estado se confunde com o Direito. Quem nasce primeiro: o Estado ou o Direito? Para tanto, serão analisadas, entre outras, as teorias monista, dualista, do paralelismo, a escola do materialismo jurídico e a escola sociológica.

O conceito de Estado depende da análise de cada autor, que estuda fatores históricos, sociológicos, culturais etc.

Os elementos do Estado serão analisados em capítulos distintos: território, governo e povo.

No Capítulo 5, será estudada a posição enciclopédica da Teoria do Estado.

Há importantes relações da Teoria do Estado com outras disciplinas, principalmente com o Direito Constitucional e o Direito Internacional.

O Estado tem fontes diretas, indiretas, formais e materiais.

O estudo do povo, como elemento do Estado, precisa também ser estudado pelo ângulo da nacionalidade e da população.

Nação não é um elemento do Estado e há confusão com o povo e a população, razão pela qual resolvi escrever um capítulo distinto.

O território precisa ser entendido como elemento do Estado, mas também ser estudada a sua classificação, qual é o seu espaço marítimo e o seu espaço aéreo.

O governo será estudado no Capítulo 11, a partir das teorias das escolas francesa e alemã.

A soberania é um conceito difícil. Compreende a análise de suas espécies, das fontes do poder soberano e de suas teorias, assim como de suas características.

O Capítulo 13 trata do Poder do Estado. É analisado o sentido da palavra "poder" para se chegar ao Poder do Estado.

Os fundamentos do Estado são estudados a partir da teoria religiosa, da força e das teorias jurídicas da família, contratualista e patrimonial.

O Estado tem vários fins como: objetivos, subjetivos, expansivos, limitados, relativos, concorrentes.

O Estado tem ou não personalidade jurídica? É o que se pretende responder no Capítulo 16.

São vários os fatores a analisar para o nascimento do Estado, como forma originária, formas secundárias, formas derivadas, assim como a extinção do Estado.

Existem diversas formas de Estado, como simples, composto, centralizado etc. Nesse capítulo, será estudado o Estado federado.

Há várias classificações dos autores sobre as formas de governo. No capítulo também serão estudados a origem, o desenvolvimento do governo, a extensão do poder, a monarquia e a República.

O sistema de governo é dividido em parlamentarismo e presidencialismo. É também estudado o governo de assembleia.

No regime político, são analisadas a democracia e as suas espécies: direta, indireta, semidireta, representativa, em sentido formal, em sentido substancial, liberal, social. Depois, são estudados o Estado Democrático, a autocracia, a ditadura, o plebiscito, o referendo, a iniciativa, o veto popular e o *recall*.

No capítulo da Separação dos Poderes, são apresentadas sua denominação e evolução.

O sufrágio universal, o censitário, o cultural, o motivado em razão do sexo, as várias espécies de voto e a representação são analisados no capítulo dos Sistemas Eleitorais.

Na Representação Política, é estudada a sua classificação.

No capítulo sobre o Estado e as corporações, são apresentados o conceito e a evolução do corporativismo como doutrina ligada ao Estado. São apontados três países em que se desenvolveu de uma forma ampla o corporativismo, na seguinte ordem: Itália, Portugal e Brasil.

A Igreja também é importante na formação do Estado, razão pela são estudados no capítulo aspectos que influenciaram nessa formação.

No capítulo da Comunidade Internacional, são apresentadas a Sociedade das Nações, a Organização das Nações Unidas, a Organização dos Estados Americanos, a Organização do Tratado do Atlântico Norte, a União Europeia, o Mercosul e a globalização.

Os últimos três capítulos não tratam exatamente de Teoria do Estado, mas estão ligados ao tema, como o Direito Constitucional, compreendendo sua história, classificação das Constituições, as Constituições brasileiras, o Poder Constituinte e o preâmbulo das Constituições.

1

Origens e Evolução do Estado

O Estado é mesmo um ser vivo, pois nasce, floresce (Montaigne)[1] e, em certos casos, pode deixar de existir.

Aristóteles afirmava que o homem é um animal político. Não pode viver a não ser na sociedade.

Na escravatura, os escravos e os párias não tinham direito. Os escravos eram considerados coisas, não sendo sujeitos de direitos.

Os nobres tinham todas as regalias, como direitos privados.

Nessa primeira fase, o Estado é representado pelo soberano, que era o próprio Deus, como ocorreu, por exemplo, com os faraós.

A teoria da origem familiar do Estado mostra que o homem pertencia à família. Quando esta se ampliou, deu origem à cidade.

O *pater familias* era o chefe da família, sendo o único proprietário, juiz das situações relativas à família e também chefe religioso. O patriarca, que era o varão mais velho, dirigia a família.

Gens era a família num sentido amplo, abrangendo todos os descendentes de um antepassado comum.

As famílias se uniram e formaram outros organismos, que os romanos chamavam *curia*, e os gregos, *fratria*. Esses grupos de famílias tinham seu altar próprio e um deus protetor. O chefe da cúria era o sacerdote, que fazia os sacrifícios, aplicando o Direito estabelecido nas assembleias.

---

1 CALMON, Pedro. *Curso de direito público*. Rio de Janeiro: Freitas Bastos, 1938, p. 149.

Um grupo de fratrias formava a *tribu* e esta se constituía no Estado-cidade (*polis*).

Entretanto, o chefe do Estado tem atribuições muito maiores e mais importantes do que as obrigações do chefe de família.

O Estado surge a partir da evolução da família.

As tribos nômades não podem ser consideradas como Estado, pois não têm um território fixo e determinado, mas variável e incerto.

Há teorias que informam que o Estado foi formado natural e espontaneamente. O Estado vai se formando naturalmente em razão de fator de ordem militar, visando a proteção das pessoas.

O Estado Antigo ou Teocrático tinha como características ser unitário e religioso. O Estado seria a expressão sobrenatural da vontade de Deus. Seria um direito divino. No Estado teocrático, os poderes religioso e político se fundem.

Para a teoria do direito divino sobrenatural, o Estado é fundado por Deus, por meio de um ato concreto de manifestação da sua vontade. O rei era o sumo sacerdote. Era o representante de Deus na Terra e o governador civil. Na Índia e na Pérsia, os reis coroados eram delegados de Deus. Acreditava-se que o rei tinha recebido o poder diretamente de Deus. Os faraós do Egito eram descendentes dos deuses. O imperador da China tinha um mandado do céu.

No Tibete, o rei era o próprio Deus, a reencarnação de Buda. Quando o imperador morre, os sacerdotes procuram entre os meninos recém-nascidos a nova encarnação de Buda. Daí, apoderam-se dele.

1.1 Idade Antiga (Antiguidade)

A Antiguidade compreende o período da invenção da escrita, aproximadamente entre 4.000 a 3.500 a.C até a queda do Império Romano do Ocidente (476 d.C.).

Na Grécia Antiga, não havia exatamente um único Estado. Falava-se nas cidades-Estado, na Polis. Polis significa cidade em grego. Política é a arte ou ciência de governar a cidade. A "sociedade constituída por diversos pequenos burgos forma uma sociedade completa, com todos os meios de se abastecer por si, tendo atingido, por assim dizer, o fim que se propôs"[2]. Não havia uma ordem comum, mas uma autossuficiência de cada cidade. Era a formação originária do Estado. Havia a sepa-

---

[2] ARISTÓTELES. *A política*. Trad. Nestor Silveira Chaves. Rio de Janeiro: Ed. de Ouro,1965, I, 8.

ração entre a religião e a política. A partir do século IX a.C. o Estado grego era monárquico e patriarcal. Cada cidade tinha o seu rei e o Conselho de Anciãos.

O Estado, para Platão, era originário das profissões econômicas. Seria a origem patrimonial do Estado. Em *A república*, Platão assevera que o indivíduo é formado de três partes: (a) a razão, que governa; (b) o coração, que atua; (c) os sentidos, que obedecem. O Estado é formado de três classes: (a) os sábios, que devem governar; (b) os guerreiros, para atuar na defesa do Estado; (c) os artesãos e camponeses, que devem obedecer. Os intelectuais é que teriam o poder de decidir. As demais pessoas deveriam trabalhar para sustentar a organização social. O Estado justo realiza a unidade possível e está nas mãos dos filósofos. O Estado tem um poder absoluto. Tudo é da sua competência e intervenção. Afirma que deve haver a supressão da família e da propriedade privada. A comunidade dos bens e das mulheres seria sustentada pelos sábios e pelos guerreiros. Trata de um Estado ideal, de como ele deveria ser. Platão comparava o Estado ao ser humano, a um organismo. O Estado teria a mesma estrutura e funcionamento do corpo humano.

Aristóteles dizia que o Estado é uma criação natural, sendo anterior ao próprio homem. O Estado era derivado da família, que era dirigida pelo homem mais velho. A união de várias famílias é que formava o Estado. O Estado é uma necessidade. Visa à virtude e à felicidade universal. Não se concebe o indivíduo sem o Estado. Defendia, ainda, a propriedade privada. O Estado necessita de que certas classes de homens se ocupem de atribuições físicas, enquanto outras classes tenham condições de se dedicar às atividades superiores, como de pensar. O homem é um ser eminentemente político, que vive em sociedade. O Estado é uma instituição natural, necessária, decorrente da própria natureza humana. Somente no Estado o homem tem garantias. Fora do Estado não há segurança nem liberdade. É a segurança da vida social, que regulamenta a convivência entre os homens e promove o bem-estar coletivo. Independentemente de ser o governo de um só, de alguns ou de todos, bom governo é o exercido para o bem de todos. Aristóteles é considerado o precursor da teoria dos três poderes, que posteriormente foi desenvolvida por Locke e Montesquieu.

Lucrécio (95 a 52 a.C.), em *De natura rerum*, entendia que como cada qual quisesse mandar e erigir-se em soberano, escolheu-se entre eles certo número de magistrados, instituíram-se as leis, às quais os homens se submeteram voluntariamente. Isso representa fonte para as filosofias contratualistas.

O Estado egípcio compreendia o faraó e sua família, os nobres, os sacerdotes, o povo e os escravos. O faraó era a encarnação de Deus ou descendente direto dos deuses que reinavam no Vale do Nilo.

O Estado romano era a *civitas*, era a comunidade dos habitantes ou a *res publicae*. A primeira fase do Estado romano era do governo pela monarquia e de forma patriarcal. O rei tinha um poder quase absoluto. Cesar se apresentava como a personificação de Deus. Jesus ao ser perguntado sobre a necessidade de pagar tributos ao Imperador romano respondeu: "Daí a Cesar o que é de César e a Deus o que é de Deus". "O reino de Deus não era deste mundo". Havia no Estado romano a concentração política e econômica. O poder no âmbito familiar era chamado de *dominium*. No âmbito dos magistrados, era denominado *potestas*. O poder político, que compreendia o comando interno e externo, era chamado de *imperium*, que era um poder de natureza militar, das atribuições de guerras do rei. O Estado-Cidade romano era a reunião de *gens*. As *gens* formavam a *Curia*. As *Curias* formavam a *Tribu*. As diversas *Tribus* constituíam a *Civitas*. O Senado era integrado pelos *pater familias*. O Estado garantia a segurança da ordem jurídica. A propriedade privada era um direito quiritário, que o Estado garantia. No período da República, os cidadãos tinham participação na vida pública. O poder supremo (*imperium*) pertencia ao povo, que fazia os comícios. Quando o Senado reconheceu como cônsul o cavalo de Calígula, pode-se dizer que começou a haver um declínio do sistema. No império, o poder estava concentrado no imperador, que não tinha qualquer responsabilidade.

Para Cícero, o Estado era destinado a proteger a propriedade e regular as relações de ordem patrimonial. Cícero preferia um regime misto, consistente em uma república aristocrática com seleção de valores. Seria uma democracia qualitativa.

No império romano, o senado era vitalício. No imperador eram concentrados todos os poderes, inclusive de vida e de morte. Ele era a única fonte do Direito. Ulpiano dizia *principis legibus solutus est* (De Legibus).

Na teocracia, o governante tinha autoridade em decorrência da sua divindade. Sua autoridade não poderia ser contestada.

Prega a teoria do Direito divino providencial, principalmente na Idade Média, que o Estado é de origem divina, mas por manifestação providencial da vontade de Deus. Deus guia a vida dos povos e determina os acontecimentos históricos. Daí é que aparece a formação do Estado, pois o poder vem de Deus por meio do povo (*per populum*). São Paulo teria dito que o poder temporal é uma criação da lei divina (*omnis potestas a Deo*). Todos somos membros de um mesmo corpo. Esta teoria prega a separação entre o poder temporal e o poder espiritual. O poder divino é originário e superior. O Estado deve respeitar as leis divinas.

Santo Agostinho (354-430), na *Suma teológica*, afirmava que o Estado é um produto natural e indispensável à satisfação das necessidades humanas. Visa garantir a segurança de seus integrantes e promover o bem comum. O poder temporal é um poder divino. O poder temporal é a *Civitas Terrena*, que é subordinada à *Civitas Dei*.

1.2 Idade Média

A Idade Média ou Medieval compreende o período de 476 d.C, com a queda do Império Romano do Ocidente, até 1492, com o descobrimento da América por Cristóvão Colombo. O estudo do Estado concentra-se na análise das monarquias medievais e o feudalismo.

No feudalismo, o feudo era um pequeno Estado, dominado pelo senhor feudal, que era o dono das terras e as explorava. O Estado feudal era caracterizado pelo poder do imperador e por vários poderes menores. Havia fraqueza do poder central. Os feudos eram fortalecidos. O chefe tinha soberania sobre os bens e pessoas que moravam nos seus domínios. Os vassalos davam apoio ao senhor feudal nas guerras e entregavam-lhe contribuições pecuniárias em troca da proteção militar. O servo recebia uma faixa de terra do senhor feudal, na qual fazia plantação para sua subsistência e destinava uma parte da produção para o senhor feudal, que era o beneficiário. O servo vinculava-se à gleba de terra. O senhor feudal estabelecia o que o servo poderia ou não fazer. Havia multiplicidade de ordens jurídicas, compreendendo o poder imperial, o eclesiástico, o direito das comunas etc. Existia a descentralização política, administrativa e econômica.

Na monarquia, o rei tinha todo o poder e era o próprio Estado. Loysseau afirma que o rei era senhor e servo ao mesmo tempo, pois devia obedecer às ordens do criador.

Havia nesse período certa dificuldade em se diferenciar o poder dos feudos e o poder dos reis. Os barões eram soberanos em seu território e o rei era soberano em todo o reino.

Em vários períodos a Igreja entendia ser superior ao Estado. Os reis eram coroados pelo papa. No século XIII, o papa Inocêncio III dizia que "o Papa fica entre o homem e Deus; é menos do que Deus, porém mais do que o homem. O Papa julga a todos e não é julgado por ninguém".

Em 1215, na Inglaterra, foi imposta a Carta Magna a João Sem Terra. Daí se pode falar na existência do Estado constitucional. O art. 39 dispôs que "nenhum homem livre poderá ser detido ou mantido preso, privado de seus bens, posto fora da lei ou banido, ou de qualquer maneira molestado, e não procederemos contra ele nem o faremos vir, a menos que por julgamento legítimo de seus pares e pela lei da terra".

Santo Tomás de Aquino prega que "Deus quis que houvesse um governo na ordem civil, mas deixou aos homens a forma e o modo de sua realização". O fato de que todo poder provém de Deus não implica uma forma de governo.

A Inglaterra, no século XV, passou a usar a palavra Estado em relação à ordem pública constituída. A França e a Alemanha usaram a referida palavra no século XVI.

1.3 Idade Moderna

A Idade Moderna começa com o descobrimento da América em 1492 por Cristóvão Colombo.

Nicolau Maquiavel (1469-1527) escreveu *O príncipe*, em 1513. Nessa obra, mostra a política como técnica de alcançar o poder e nele permanecer. Poderiam ser empregados quaisquer meios, desde que os objetivos fossem legítimos. "O cuidado maior de um Príncipe deve ser o da manutenção do seu Estado; os meios que ele utilizar para esse fim serão sempre justificados". A ele é atribuída a frase "os fins justificam os meios". Descreve minuciosamente as atividades que o monarca deve fazer para governar o Estado. Mostra as condições para a conquista do poder e a sua permanência. *O príncipe* representa o oportunismo dos governos, o cinismo político na sua mais ampla aplicação.

Jean Bodin escreveu uma obra em seis livros, chamada *De la République*, em 1566, afirmando que o rei tem o poder absoluto e perpétuo. Está sujeito apenas à Lei Natural. A soberania não tem limites de poder, de encargos e nem por certo tempo. O Estado representa a superioridade de um grupo social sobre outros. O que dá origem ao Estado é a violência dos mais fortes. É a chamada teoria da força.

Hugo Grotius (1583-1647) prega a teoria do direito natural, do jusnaturalismo. O direito natural era "a qualidade moral que tornava justo e certo que um homem fizesse ou tivesse algo". Na obra *De Jure Belli et Pacis*, dividiu o direito em positivo e natural. Acima do direito positivo, estabelecido pela vontade dos homens, há um direito natural, imutável, absoluto, independente do tempo e do espaço, decorrente da natureza humana, que seria superior à vontade do soberano. Para ele, o Estado é como "uma sociedade perfeita de homens livres que tem por finalidade a regulamentação do direito e a consecução do bem-estar coletivo".

Thomas Hobbes (1588-1679) é o primeiro sistematizador do contratualismo para justificar o Estado. Escreveu *Leviatã* em 1651. Leviatã é uma palavra de origem bíblica, que designa o monstro mitológico que vivia no vale do rio Nilo e devorava as populações ribeirinhas. Menciona que o Estado determina tudo, como um monstro horrível que devora e absorve todos os direitos individuais das pessoas. O Estado é um grande e robusto homem artificial, construído pelo homem para sua proteção e defesa. Existe um contrato entre a sociedade e o Estado. Em *Leviatã*, haveria a criação da sociedade civil. No contrato social, as pessoas abdicariam de suas liberdades e direitos naturais em favor do Estado, que iria instaurar e garantir a ordem. Os homens celebram o contrato com a mútua transferência de direitos[3]. O Estado é "uma pessoa de cujos atos se constitui em autora uma grande multidão, mediante pactos recíprocos de seus membros, com o fim de que essa pessoa possa empregar a força e os meios de todos, como julgar conveniente, para assegurar a paz e a defesa comuns"[4]. Os homens têm características egoístas, de luxúria e são inclinados a agredir os outros. Os homens, no estado de natureza, eram inimigos uns dos outros e viviam em guerra permanente. Cada homem era o lobo para os outros homens (*homo homini lupus*). Daí sua frase da existência de permanente "guerra de todos contra todos"[5] (*bellum ominium contra omnes*). O Estado surgiu como resultado da vitória dos mais fortes sobre os mais fracos. É uma organização do grupo dominante para manter o poder de domínio sobre os vencidos. O Estado real era o imposto pela força. O Estado racional (*Civitas institutiva*) é proveniente da razão, de acordo a ideia do contrato social. "Autorizo e transfiro a este homem ou assembleia de homens ou meu direito de governar-me a mim mesmo, com a condição de que vós outros transfirais também a ele o vosso direito, e autorizeis todos os seus atos nas mesmas condições como o faço". Os homens se conscientizaram no sentido de armar um poder forte, que seria capaz de conter a fúria natural dos indivíduos. Entende que o Estado deve governar a Igreja. O Estado é um imediato de Deus. Deus fala aos homens pela boca do Estado. O Estado (Leviatã) é o Deus onipotente e mortal (*The mortal God*).

Baruch Espinoza (1632-1677) afirma que os homens puseram fim ao regime de natureza e foi criado o Estado por meio de um contrato político, alienando todos os seus direitos, salvo o de pensar, escrever e falar. Publicou *Tractatus theologicus politicus* (1670). Nele, defendeu ideias semelhantes às de Hobbes. A razão ensina ao homem que a sociedade é útil. A paz é preferível à guerra. O amor deve prevalecer sobre o ódio. As pessoas devem ceder seus direitos ao Estado, para que ele possa lhes assegurar a paz e a justiça. A Nação estaria acima do Estado.

---

[3] HOBBES, Thomas. *Leviatã*. São Paulo: Abril Cultural, Parte I, capítulo XIV.

[4] Idem, Parte II, capítulo XVII.

[5] Idem, Parte I, capítulo XVIII.

Luís XIV (1638-1715) era chamado de o rei sol (*Le roi soleil*). Com a morte de Mazarin, em 9 de março de 1661, o rei disse: "o cardeal Mazarin está morto. Senhores ministros, é a mim que vocês irão se endereçar doravante. Eu quero governar por mim próprio. Não quero um primeiro-ministro". Dizem que nesse momento teria dito a frase "o Estado sou eu" (*L'État c'est moi*). O rei governava por ele mesmo (*Le roi gouverne par lui même*, frase inscrita no topo da Sala dos Espelhos, em Versalhes). A lei era a vontade do soberano. Seu poder não tinha limites. Inaugura a fase do absolutismo monárquico. Ele não poderia ver outra autoridade que não a sua. Nasce a noção do poder absoluto. Era a monarquia absoluta de direito divino. Havia um Conselho, composto de seis conselheiros, o chanceler, o diretor das finanças, secretários de Estado (da Guerra, da Marinha, da Casa Real e dos Assuntos Estrangeiros). Teria dito o rei: "Não temos nada a ver com anjos, mas com homens, a quem o poder excessivo dá quase sempre alguma tentação de usá-lo". O Conselho de Estado privado era presidido pelo rei. Era composto por magistrados. Reuniu mais de 30 conselheiros que faziam os julgamentos e 80 referendários, que preparavam os dossiês. As reuniões eram às segundas-feiras na sala do Conselho. Era encarregado de regulamentar os litígios judiciários. Havia também outras instâncias de decisão, de importância secundária. É falado em devolução ou efeito devolutivo da apelação, mas isso se referia a devolver a quem de direito para julgar a questão, que era o rei. O rei controlava tudo: a Corte, a economia, os prazeres, a guerra, a ciência, as artes. Construiu um Estado centralizado, com a centralização do poder no rei. O rei era a fonte única e exclusiva do Direito. O rei se confunde com o Estado. "A autoridade em que os reis são investidos é uma delegação de Deus. Está em Deus e não no povo a fonte de todo poder, e somente Deus é que os reis têm de dar contas do poder que lhes foi confiado"[6]. Os juízes que estavam no parlamento de Paris exerciam o poder de interpretar, o que limitava o poder do rei. Luiz XIV invocou os poderes de legislar e de julgar, criando o Code Louis, em 1667, mencionando que, se o juiz tivesse dúvida, deveria consultar o rei. No âmbito jurídico, fez o Code Louis, em 1667, uma espécie de Código Civil; o Código Criminal, em 1670; o Código Florestal, a ordenança de comércio de 1673; o Código Escuro, de março de 1685, sobre a escravidão. Esse código é considerado por alguns como "o texto jurídico mais monstruoso que foi produzido nos tempos modernos". De acordo com o texto, expulsa os judeus das Antilhas e regula o uso dos escravos nas colônias. Em caso de fuga dos escravos, havia amputações. Aboliu o Edito de Nantes em 1685, que dava liberdade de culto aos protestantes. Com a revogação do Edito de Nantes, o reino se tornou exclusivamente católico. Sua política exterior

---

6 LUÍS XIV, *Memórias*.

reforçou as defesas nas fronteiras, limitou o poder dos Habsburgos, se assegurou da neutralidade do príncipe da Suécia. Conquistou alguns territórios, como: Roussilon (1659), Lille (1668), Alsace (1675), Franché-Comté (1678), Artas, Estrasburgo (1681). Ele usava da diplomacia, com as embaixadas, os tratados, as alianças, as uniões de dinastias, e da sustentação aos opositores de seus inimigos. Afirmava que é sempre a impaciência de ganhar que faz perder.

Jacques Bossuet (1627-1704), Bispo de Condom, defendia a teoria absolutista. Escreveu *A política*. A autoridade real é invencível, só havendo o temor de Deus. Deve-se obedecer ao rei, ainda que ele seja injusto e infiel. Só se o rei agir contra Deus é que cessaria a obediência. O rei é uma pessoa sagrada.

John Locke (1632-1704) também desenvolveu o contratualismo. Tomava por base o direito natural. Os direitos naturais do homem são anteriores e superiores ao Estado. A monarquia absoluta, sem limitações, é incompatível com os justos fundamentos da sociedade civil. O Estado é uma ficção humana que visa viabilizar a vida dentro da coletividade. Afirmava que o cidadão deveria ter direitos fundamentais, que seriam tutelados pelo Estado. Esses direitos seriam os limites de sua inserção na vida social. Ao Estado incumbiria fornecer os meios necessários para que a pessoa atingisse sua realização pessoal. Resulta o Estado de um contrato entre o rei e o povo. Esse contrato se rompe quando são violadas suas cláusulas. O Estado tem por objetivo preservar direitos naturais do homem, a vida e a propriedade, a paz, garantir a justiça e as liberdades constitucionais. Teria sido criado o Estado por meio de um contrato entre homens, mas considerava que o homem não vivia em guerra permanente. Os homens concordaram em ceder ao Estado uma parte de seus direitos para ele determinar a ordem civil, julgar e punir as pessoas, e promover a defesa externa. Eles delegam os poderes de regulamentação das relações externas na vida social, mantendo seus direitos fundamentais. Se o governante violasse o contrato, o povo reassumiria o poder. No Ensaio sobre o governo civil (1690), menciona que o homem não delegou ao Estado senão os poderes de regulamentação das relações externas na vida social. Ele reservou para si uma parte desses direitos que são indelegáveis. As liberdades fundamentais, o direito à vida, como os direitos referentes à personalidade humana, são anteriores e superiores ao Estado. O governo faria uma troca de serviços: os súditos obedecem e são protegidos; a autoridade dirige e promove a justiça. Havia uma utilidade no contrato e a moral é o bem comum. O Estado não cria a propriedade, mas a reconhece e protege. Cabem ao Estado três funções específicas, nas quais todas as outras estariam resumidas: elaborar a lei, executá-la e administrar as relações com o exterior. Os mesmos homens que fazem as leis não devem aplicá-las. O legislador poderia utilizar a lei para casos particulares, ao seu arbítrio. O poder do governo era limitado ao controle das relações externas do homem no meio social.

Kant (1724-1804) leciona que o Direito visa garantir a liberdade. O homem deve conduzir-se "de modo tal que a tua liberdade possa coexistir com a liberdade de todos e de cada um". Os homens saíram do estado da natureza para o de associação. Submetem-se a uma limitação externa, livre e publicamente acordada. Nasce, assim, a autoridade civil, isto é, o Estado.

Montesquieu (1675-1755) publicou em 1748 o livro *Espírito das leis* (*De l'esprit des lois*). O livro teve 22 edições no espaço de um ano e meio. Ele afirma que a República envolve a devoção dos cidadãos ao bem público, tendo por característica a virtude. Na monarquia, o fundamento é o amor dos privilégios e das distinções. Despotismo tem fundamento na força e por sustentação o medo. Retoma as ideias de Aristóteles e Locke, alegando que o poder estatal seria dividido em três: o Legislativo, que elaborava as leis; o Executivo, que as aplicava, as executava; e o Judiciário, que as faria cumprir nos casos concretos. Os poderes deveriam ser independentes uns dos outros e determinados a pessoas diferentes.

Jean-Jacques Rousseau (1712-1778) entende que o Estado nasce de um contrato. Não poderiam existir corpos intermediários entre o indivíduo e o Estado, ficando proibidas as corporações de ofício. A lei é a expressão da vontade geral (*volonté géneral*), que é a soma da vontade manifestada pela maioria dos indivíduos. Esses ideais foram observados na Revolução Francesa de 1789. No *Contrato social* (1762), os homens estabeleceram um poder supremo que a todos defenderia, firmando um contrato social. Cada um põe em comum sua pessoa e todo seu poder sob a suprema direção da vontade geral. Cada um, obedecendo a essa vontade geral, não obedece senão a si mesmo. A lei resulta da vontade livre dos homens, mas os homens são livres porque obedecem às leis que eles mesmos criaram. O Estado somente é suportável se for justo. Caso isso não ocorra, o povo tem o direito de substituí-lo, refazendo o pacto. Rousseau defendia que a soberania era do povo, que poderia se rebelar contra o Estado. Rousseau afirmava que cada homem exercia sobre si mesmo o poder soberano. Quando o homem se organiza em sociedade transfere essa soberania ao Estado, que passa a ser o detentor do poder. O princípio essencial do Estado é sua soberania inalienável, indivisível e imprescritível. O Direito não provém da natureza, mas tem fundamento nas convenções. Os objetivos da legislação são liberdade e igualdade. Todos os homens são iguais.

A Declaração de independência dos Estados Unidos, de 4 de julho de 1776, afirma que para a segurança desses direitos se constituíram entre os homens governos, cujos justos poderes emanam do consentimento dos governados. Sempre que qualquer forma de governo tenda a destruir esses fins assiste ao povo o direito de mudá-la ou aboli-la, instituindo um novo governo cujos princípios básicos e organização de poderes obedeçam às normas que lhe pareçam próprias a promover a segurança e a felicidade gerais. A declaração tem por fundamento as ideias republicanas de Lafayette e a doutrina de John Locke de rebelião do povo em relação ao governo que se desvia de seus fins.

A Constituição dos EUA foi promulgada em 1787 e ratificada dois anos depois pelos 13 estados americanos. Em 1791, a Constituição americana teve o acréscimo da Carta dos Direitos (*Bill of Rights*).

A Revolução Francesa de 14 de julho de 1789 estabeleceu o Estado liberal, com fundamento na soberania nacional. Todo governo que não provém da vontade nacional é tirania. A nação é soberana e sua soberania é una, indivisível, inalienável e imprescritível. O Estado é uma organização artificial e precária. É resultante de um pacto nacional voluntário. Deve servir ao homem. O pacto social é rompido quando uma parte viola uma de suas cláusulas. Não há governo legítimo sem o consentimento popular. A lei é a expressão da vontade geral. A Assembleia Nacional representa a vontade da maioria, que equivale à vontade geral. Suprimiu todos os privilégios e proclamou a soberania nacional.

A Revolução Francesa de 1789 é influenciada pela ideia dos filósofos Voltaire, Rousseau e Montesquieu. A tomada da Bastilha nessa data significa o fim do poder absoluto do rei e o triunfo dos valores republicanos. A bandeira francesa passa a ser tricolor: branca (a união da realeza), azul e vermelha, com o brasão da cidade de Paris simbolizando o povo. Ela se torna a bandeira da República em 1793. Rousseau afirma que os homens são naturalmente bons. São as instituições sociais ou a sociedade que os corrompem. A sociedade é reunida em um contrato social por um simples acordo de vontades entre as pessoas. A origem do poder é o contrato social. A lei é a expressão da vontade geral (contrato social). O lema da Revolução Francesa é liberdade, igualdade, fraternidade ou a morte.

Em 26 de agosto de 1789, a Assembleia Nacional francesa aprovou a Declaração dos Direitos do Homem e do Cidadão. Era a adoção do liberalismo. Philippe Braud ensina que os fundamentos dela são "que os autores da Declaração tiveram consciência de proclamar direitos individuais, válidos para todos os homens de todos os tempos e de todos os países"[7]. O art. 1º prevê que "os homens nascem e continuam livres e iguais em direitos" e "as distinções sociais só podem fundar-se na utilidade comum". Reza o art. 2º que "o fim de toda associação política é a conservação dos direitos naturais e imprescritíveis do homem. Esses direitos são a liberdade, a propriedade, a segurança e a resistência à opressão".

---

[7] BRAUD, Philippe. *La notion de liberté publique en droit français*. Paris: Librarie Générale de Droit et de Jurisprudence, 1968, p. 30.

A Declaração dos Direitos do Homem e do Cidadão da Constituição Francesa de 1793 previa que "a soberania reside no povo; ela é una, indivisível, imprescritível e inalienável" (art. 25).

A Declaração dos Direitos e Deveres do Homem e do Cidadão da Constituição Francesa de 1795 determinava que "a soberania reside essencialmente na universalidade dos cidadãos" (art. 17).

Hegel (1770-1831) afirmava que o Estado estava incluído na evolução dialética. O homem estava a serviço do Estado.

A teoria econômica sobre as origens do Estado tem como expoentes Marx e Engels, que declaram que o Estado foi criado exclusivamente para servir a burguesia, protegendo a propriedade privada em detrimento da classe proletária[8]. O Estado é o instrumento de dominação de uma classe sobre a outra. É o simples meio de exploração da classe dominante sobre a classe dominada. Engels afirma que o Estado era o instrumento de que se serve o capital para explorar o trabalho assalariado. É um instrumento da burguesia para a exploração do proletariado. As classes deveriam desaparecer, sumindo também o Estado. O proletariado assumiria o poder e o Estado seria extinto. O Estado é o produto da sociedade, quando ela chega a determinado grau de desenvolvimento[9].

O Papa Leão XIII, na Encíclica *Libertas* (1888), afirma que "das diversas formas de governo, contanto que sejam aptas à segurança do bem-estar dos cidadãos, a Igreja não rejeita nenhuma, mas quer, e a natureza está de acordo com ela em o exigir, que sua instituição não viole o direito de ninguém, e, principalmente, guarde respeito absoluto aos direitos da Igreja". A Encíclica *Immortale Dei* trata da constituição cristã dos Estados.

Gumplowicz afirma que o Estado é um fenômeno social produto de ações naturais, de que a primeira é a subjugação de um grupo social por outro grupo e no estabelecimento, pelo primeiro de uma organização que lhe permite dominar o outro[10]. Os Estados surgiram por ato de violência, "um ato de força de uma tribo contra outra, a conquista e submissão por parte de uma tribo mais forte, a maioria das vezes estrangeira, sobre uma população mais débil, a maior parte das vezes autóctone"[11].

---

[8] MARX, Karl; ENGELS, Friedrich. *Manifesto comunista*.

[9] ENGELS, Friedrich. *A origem da família, da propriedade privada e do Estado*. Rio de Janeiro: Vitória, 1960, p. 102 e 160.

[10] GUMPLOWICZ. Ludwig. *Précis de sociologie*. Paris: Chailley, 1896, p. 192.

[11] GUMPLOWICZ, Ludwig. *Derecho político filosófico*. Madrid: La España Moderna, s/d, p. 111.

Franz Oppenheimer defendia a origem violenta do Estado. Este é "uma organização social imposta por um grupo vencedor a um grupo vencido, destinada a manter esse domínio internamente e a proteger-se contra ataques exteriores". "O Estado é, inteiramente quanto à sua origem e quase inteiramente quanto à sua natureza durante os primeiros estágios de existência, uma organização social imposta por um grupo vencedor a um grupo vencido, organização cujo único objetivo é regular a dominação do primeiro sobre o segundo, defendendo sua autoridade contra as revoltas internas e os ataques externos. E esta dominação não teve jamais outro fim senão o da exploração econômica do vencido pelo vencedor. Nenhum Estado primitivo, em toda a história universal, teve origem diversa"[12].

A teoria da força mostra que o Estado exerce dominação sobre as pessoas. A guerra fez surgir novos Estados. Entretanto, essa teoria não serve como base para explicar os fundamentos jurídicos do Estado, as normas jurídicas ou o fato de a norma prever sanção caso seja descumprida uma regra de conduta.

Uma das primeiras obras sobre Teoria Geral do Estado foi publicada em 1900, por Georg Jellinek.

Na Itália, foi publicado o livro *Diritto pubblico generale*, de V. E. Orlando.

O Estado tem uma realidade sociológica, pois se verifica a evolução do homem até chegar à sociedade. Tem uma realidade jurídica, pois é estabelecido de acordo com normas jurídicas.

A teoria sociológica entende que a violência dá origem ao Estado. Cornejo afirma que "a sobrevivência ideal do companheiro dá origem ao mito; a sobrevivência real do inimigo dá origem à organização política"[13].

Reclus ironiza a doutrina da força para o nascimento do Estado e do Direito: "um atrevido, homem de ideias e de punhos, descobre um rochedo que domina um desfiladeiro entre dois vales férteis; aí se instala e se fortifica. Assalta os transeuntes, assassinando alguns e roubando o maior número. Possui a força: tem, portanto, o direito.

"Os viajantes, temendo a rapinagem, ficam em casa ou fazem uma volta. O bandido então reflete que morrerá de fome, se não fizer um pacto. Proclama que os viandantes lhe reconheçam o direito sobre a estrada pública e lhe paguem pedágio, podendo depois passar em paz. O pacto é concluído, e o astuto enriquece. Eis que um segundo herói, achando bom o negócio, esgarrancha-se no rochedo fronteiriço. Ele

---

[12] OPPENHEIMER, Franz. *L'État*. Paris: Sirey, 1907, p. 6.

[13] CORNEJO, Mariano Harlan. *Sociologie générale*. M. H. Paris: Giard et Brière, 1911, p. 439.

também mata e saqueia, estabelece seus direitos. Diminui assim as rendas do colega, que franze o cenho e resmunga na sua furna, mas considera que o recém-vindo tem fortes punhos. Resigna-se ao que não poderia impedir; entra em combinação. Os viageiros pagavam um, terão agora que pagar dois: é preciso que todos vivam!

"Aparece um terceiro salteador, que se instala numa curva da estrada. Os dois veteranos compreendem que abrirão falência se forem pedir três soldos aos passantes, que só tendo dois para dar, ficarão em casa, em vez de arriscar suas pessoas e bens. Arremessam-se sobre o intruso, que desancado e machucado foge campo afora. Depois, reclama dos viajores dois vintéis suplementares em remuneração pelo trabalho de expulsar o espoliador e pelo cuidado em não deixar que se agora 'Senhores dos desfiladeiros', 'Protetores das estradas nacionais', 'Defensores da indústria', País da agricultura, títulos que o povo ingênuo repete com prazer, pois agrada-lhe ser onerado sob o pretexto de ser protegido. Assim – admirai o engenho humano! – o banditismo se regulariza, se desenvolve e se transforma em ordem pública. A instituição de roubo, que não é o que o vulgo pensa, fez nascer a polícia.

"A autoridade política, que ainda nos diziam ser emanação do direito divino e benefício da Providência, constitui-se pouco a pouco pelos cuidados de salteadores patenteados, pelos esforços sistemáticos de malandrins, homens de experiência"[14].

A revolução soviética importou na abdicação do Czar em 15 de março de 1917. A revolução é inspirada no Manifesto comunista. O objetivo era a destruição da sociedade burguesa, a abolição da propriedade privada, a nacionalização das fontes de produção e a instauração da ditadura do proletariado. Os indivíduos que não têm direitos a conservar são os que mais precisam do Estado. Em novembro de 1917 assume o poder o Conselho de Operários. O Partido Bolchevista se estabelece no poder. O Poder Judiciário fica submetido ao controle do Executivo. Há o extermínio da religião, estabelecimento de partido único e estatização da economia. Mikhail Gorbachev assumiu em março de 1985 a secretaria geral do Partido Comunista. Pretendia modernizar o modelo. Instituiu a Perestroika (reestruturação) e a Glasnost (transparência). Em outubro de 1988 foi eleito presidente da URSS. As unidades eram chamadas de Repúblicas e tinham soberania nos limites da Constituição de 1923. O art. 4º da Constituição fazia referência a sistema federativo, mas tinha característica de confederação, pois permitia que cada república pudesse abandonar livremente a união. Entretanto, os países que queriam abandonar a união eram submetidos ao poder bélico do exército russo. Em 25 de dezembro de 1991 é dissolvida a URSS.

---

[14] RECLUS, Jean Pierre Michel. *Les primitifs*. Paris: G. Chamerot, 1885.

A doutrina fascista dizia que a nação era elemento integrante do Estado. Nega a existência de soberania popular. Preconizava a soberania do Estado. O Estado é o absoluto. Afirmava Mussolini: tudo no Estado, nada fora do Estado, nada contra o Estado. "Se liberalismo significa indivíduo, fascismo significa Estado"[15]. O Estado seria um fim em si mesmo. Inicialmente, Mussolini seguia a doutrina de Maquiavel. Não tinha uma doutrina socioeconômica a seguir. A partir de 1925, Mussolini passou a adaptar o sindicalismo revolucionário de Sorel. Com o auxílio de Alfredo Rocco, de Filippo Carli e de Ugo Spirito, passou a utilizar uma doutrina político-econômica. Criou um corporativismo de Estado. A Nação, na Carta del Lavoro, de 1927 "é a unidade moral, política e econômica, que se realiza integralmente no Estado fascista". Mussolini afirmou que na atualidade italiana o maquiavelismo estava mais vivo do que na época do seu aparecimento[16]. Houve o agrupamento em corporações de todos os membros de cada ramo de produção, dando origem ao corporativismo. Pretendia pôr fim à luta de classes pela organização em sindicatos, reunindo nas corporações os membros de cada ramo da produção. As corporações funcionavam como órgãos do partido único. Ninguém poderia exercer uma atividade sem que houvesse autorização da corporação. O Partido Nacional Fascista era, ao mesmo tempo, nação, Estado, governo, organização. A ideia era educar e unificar politicamente a nação.

A partir de 1933, na Alemanha, foi extinta a federação, tornando-se os Estados simples províncias. Hitler já tinha o cargo de Chanceler do Reich, passando, com a morte do presidente Hindenburg, a presidente do Reich. Hitler extinguiu os partidos políticos e dissolveu os grupos nacionais que eram considerados perigosos. O Partido Nacional Socialista era o próprio Estado. Pretendia a purificação da raça ariana, com o extermínio dos judeus. O governo nazista tinha como lema a expressão *Ein Volk, ein Reich, ein Fuehrer*, isto é, um povo, um império e um líder. Era um sistema altamente estatizado. O Estado, para Hitler, é meio e não fim. É um meio para a expansão da comunidade (*Volksgemeinschaft*).

A Constituição portuguesa de 19 de março de 1933 estabeleceu que "o Estado Português é uma República unitária e corporativa". O governo era exercido pelo Ministério (art. 17). Salazar era o Presidente do Conselho de Ministros, que era o chefe do governo. Era o Estado Novo português. Salazar dizia que "a nação é para nós una e eterna; nela não existem classes privilegiadas nem classes diminuídas.

---

[15] MUSSOLIN, Benito. *Le fascisme*. Paris: 1933, p. 56.

[16] MUSSOLINI, Benito. *Prelúdios a Maquiavel*, 1924.

O povo somos nós todos"[17]. Salazar governou até 1968, quando adoeceu gravemente. Foi substituído por Marcelo Caetano, que manteve o mesmo sistema até 25 de abril de 1974, com a revolução dos cravos.

Getúlio Vargas entrou no poder em 1930. Entretanto, foi em 10 de novembro de 1937 que impôs a Constituição e o Estado Novo. O Estado passa a orientar e coordenar a economia nacional. Expedia decretos-leis com força de lei. Em certos períodos fechou o Congresso Nacional e legislou por decreto-lei e por decretos. Os Estados eram governados por interventores federais nomeados por Getúlio. Criou o Tribunal de Segurança Nacional, que aplicava leis de emergência e definia os crimes políticos, considerados como tais o abuso da liberdade de manifestação do pensamento e os atos atentatórios à ordem política e econômica. O próprio art. 140 da referida Carta era claro no sentido de que a economia era organizada em corporações, sendo consideradas órgãos do Estado, exercendo função delegada de poder público. O Conselho de Economia Nacional tinha por atribuição promover a organização corporativa da economia nacional (art. 61, *a*). A Constituição de 1937 instituiu o sindicato único, imposto por lei, vinculado ao Estado, exercendo funções delegadas de poder público, podendo haver intervenção estatal direta em suas atribuições. A greve e o *lockout* foram considerados recursos antissociais, nocivos ao trabalho e ao capital e incompatíveis com os interesses da produção nacional (art. 139). Em razão disso, havia a imposição de condições de trabalho, pelo poder normativo, nos conflitos coletivos de trabalho. Essas regras foram copiadas literalmente da Parte II, *Carta del Lavoro* italiana de 1927.

O Estado do bem-estar social preconizava a proteção das pessoas do nascimento à morte. Foram instituídos o salário-desemprego, a educação gratuita para todos os níveis, a saúde gratuita, as pensões para aposentados e para mães solteiras.

Hans Kelsen afirma que o Estado é produzido pelo Direito e não pela realidade social. O Estado é restringido pela ordem jurídica. Somente a norma jurídica pode definir o Estado. As normas de direito geram o Estado. O fundamento do Estado é a ordem jurídica. Nem toda ordem jurídica é um Estado, como a ordem jurídica internacional. Para ser Estado, a ordem jurídica tem de caracterizar uma organização, de instituir órgãos. O Estado é uma ordem jurídica, relativamente centralizada[18]. A pureza do Estado é definida pelas suas repercussões normativas.

---

[17] SALAZAR, Antonio Oliveira. *Discursos*. Coimbra, 1935. Discurso feito no Porto, no Palácio da Bolsa, em 28 de abril de 1934.

[18] KELSEN, Hans. *Teoria pura do direito*. 4. ed. Coimbra: Armênio Amado, 1976, p. 385.

Ferdinand Lassale defende que o Estado é uma realidade social e não jurídica. O Estado é fundado nos fatos sociais. Os fatos seriam a causa, o fundamento do Estado. Constituiriam os fatos o ordenamento jurídico do Estado. Os fatores reais do poder são a força ativa e eficaz que informa todas as leis e instituições jurídicas do Estado. O texto da Constituição reflete fatores políticos, econômicos e religiosos. A norma apenas descreve as camadas sociais que existem num certo momento histórico. O direito ficaria relegado a um segundo plano[19].

Os Estados totalitários não podem ser considerados Estados de Direito, pois não observam os direitos adquiridos, a igualdade, a liberdade, os direitos fundamentais individuais das pessoas.

O Estado neoliberal, de acordo com as ideias de Margaret Thatcher, deveria deixar de intervir na economia, desregulamentando a relação de emprego. Deveria haver a retirada do Estado dos meios de produção. Defendia a privatização das empresas estatais. O mercado seria regulado espontaneamente.

Está o Estado moderno amparado na lei, que é votada em duas casas.

A divisão dos poderes é necessária em razão de que o poder único, centralizado num único órgão, implicaria poder absoluto de uma única pessoa, o soberano, retornando-se à monarquia.

Existe o Estado em função da pessoa e não esta em função do primeiro.

Acaba sendo o Estado um polígono, tendo vários lados, várias as faces ou dimensões, dependendo do lado que seja olhado.

O direito acaba sendo um limite ao poder do Estado.

A origem do Estado é decorrente de um processo histórico e sociológico de evolução. São criados Estados em razão das guerras ou das colonizações.

---

19 LASSALE, Ferdinand. *O que é uma Constituição*. Rio de Janeiro: Laemmert, 1969, p. 28-29.

2

O Estado e o Direito

O Estado e o Direito se confundem?

O que nasceu primeiro o Estado ou o Direito?

Em alguns momentos o Estado se confunde com o Direito. Isso ocorria na monarquia, em que o rei era a encarnação de Deus na Terra e poderia determinar o direito das pessoas. Pode ser o exemplo de Luís XIV. Isso ocorre em regimes totalitários.

Há teorias que analisam a independência, ou não, do Estado e do Direito. São as teorias monista, dualista e do paralelismo, da escola do materialismo jurídico e da escola sociológica.

2.1 Teoria monista

Para a teoria monista, também denominada teoria do estatismo jurídico, o Estado e o Direito são uma única realidade. Kelsen usa a expressão *sunt unum et idem*.

Os monistas pregam que só existe o Direito estabelecido pelo Estado. Não existe regra jurídica fora do Estado.

O monismo é o sistema legal determinado pelos órgãos estatais, que se considera como Direito Positivo, não existindo positividade fora do Estado e sem o Estado. Há uma identidade entre o Estado e o Direito, com uma relação de antecedente e consequente.

O Estado dá vida ao Direito. O Direito estabelece a forma coativa de cumprir as regras estabelecidas pelo Estado.

Rudolf von Jhering afirmava que "o Estado é a única fonte do Direito. A autonomia exercida de fato por muitas associações ao lado do Estado não contradiz esta asserção. Essa autonomia encontra sua base jurídica numa concessão expressa ou na tolerância tácita do Estado. Não existe por si mesma, deriva do Estado"[20].

O Direito é formado por normas imperativas dotadas de coação. Assevera que o Direito de coação social somente é encontrado nas mãos do Estado, que tem seu monopólio absoluto. A coação é que distingue uma norma jurídica de uma norma religiosa ou ética. O Direito existe pelo fato de o Estado emprestar-lhe coação. O Direito de coação social acha-se somente nas mãos do Estado; é seu monopólio absoluto. Entretanto, o mafioso que não segue as regras da Máfia pode ser morto, segundo o referido código de conduta.

O Estado é a única fonte de direito. As normas que não podem ser impostas por ele não constituem regras de direito. O Direito implica a força bilateralmente obrigatória da lei, havendo a submissão do Estado às leis que promulga. As regras sociais sancionadas pela coação pública são as únicas que constituem o Direito[21].

As associações que queiram fazer valer seu direito devem recorrer ao Estado.

Não existe direito de associação fora da autoridade do Estado, mas apenas direito de associação derivado do Estado[22].

Em Jhering verifica-se a teoria da supremacia absoluta do Estado quanto à criação do Direito. Só é Direito Positivo o emanado do Estado.

Uma regra de Direito desprovida de coação jurídica é um contrassenso; é um fogo que não queima, um facho que não ilumina[23].

O Direito existe em função da sociedade e não a sociedade em função do Direito[24].

A tese do monismo jurídico absoluto é encontrada em Hans Kelsen. Este assevera que "todo direito objetivo é a vontade do Estado". "É a expressão dessa vontade."

---

[20] JHERING, Rudolf Von. *A evolução do direito*. Lisboa. José Bastos, s.d.p, p. 220-221.

[21] Idem, p. 212.

[22] JHERING, Rudolf von. *El fin en el derecho*. Madrid, p. 201.

[23] Idem, p. 204.

[24] JHERING, Rudolf Von. *Der Zweck in Recht. Zweite Umgearbeitete Auflage, Erster Band*. Leipzig: Druck und Verlag Von Breitkopf & Hartel, 1884, p. 424.

"Não há direito, senão aquele que está ligado ao sistema de coerção instituído pelo Estado.

"Todas as fontes de direito se reduzem à lei, isto é, à vontade do Estado: o próprio 'costume' tem sua força obrigatória decorrente da lei. Todo direito é direito estatal"[25].

Só existe a validez objetiva da norma jurídica, dotada de uma sanção estatal. Direito e Estado se identificam.

Todo o Estado é o Direito (Direito Positivo). O Direito é o Estado. Todo Estado é Estado de Direito[26]. O Direito é apenas o emanado ou o permitido pelo Estado. Entende que a expressão *Estado de Direito* representa pleonasmo[27].

O ordenamento jurídico forma uma verdadeira unidade, que encontra sua validez na constituição estatal. Há uma série de ordenamentos subordinados a uma hierarquia de graus sucessivos (*Stufenbau der Rechtsordnung*).

O fundamento de validade dessa unidade é a norma fundamental (*Grundnorm*). Esta "é a fonte comum da validade de todas as normas pertencentes a uma e mesma ordem normativa, o seu fundamento de validade comum. O fato de uma norma pertencer a uma determinada ordem normativa baseia-se em que o seu último fundamento de validade é a norma fundamental desta ordem. É a norma fundamental que constitui a unidade de uma pluralidade de normas enquanto representa o fundamento de validade de todas as normas pertencentes a essa ordem normativa"[28].

O Estado é realmente Estado de Direito, pois do contrário não seria possível regular a vida humana em sociedade, o que é feito pelo Direito, por intermédio do Estado. São estabelecidas as regras de conduta pelo Estado, as regras de Direito. O aparato estatal compele o povo a obedecer às normas estatais, por meio da sanção.

A identidade do Estado e do direito permite considerar o Estado essencialmente como a ordem jurídica politicamente centralizada[29].

Miguel Reale leciona que o importante não é a coação, mas sim a coercibilidade, a possibilidade de proteção por parte de uma autoridade constituída, quer estatal, quer corporativa[30]. A coercibilidade é de direito e não de fato. Os próprios

---

25 KELSEN, Hans. *Problemas fundamentais de direito pública*, 1911, p. 40 e s.

26 KELSEN, Hans. *Teoria pura do direito*. São Paulo: Martins Fontes, 1997, p. 346.

27 Idem, ibidem.

28 Idem, p. 217.

29 KELSEN, Hans. *Teoria pura do direito*. Coimbra: Armênio Amado, 1979, p. 385.

30 REALE, Miguel. *Teoria do direito e do Estado*. São Paulo: Saraiva, 1984, p. 262.

grupos, por exemplo, podem estabelecer sanções pelo descumprimento da norma, como multa. É, porém, o Estado o centro geométrico de toda a positividade[31]. O Estado é o polo de convergência da positividade jurídica. Não cria o Direito, mas lhe dá plenitude[32].

Kelsen entende que o Direito nasce do Estado, mas, na verdade, existem outras fontes de Direito, que podem ser reconhecidas pelo Estado, no seu ordenamento piramidal, como ocorre com as convenções coletivas de trabalho, que é uma norma não estatal.

Tem também o Estado uma realidade social, mas Kelsen o vê apenas como abstração, sendo que o Direito seria apenas a norma[33]. Kelsen, na verdade, confunde o Estado com o Direito.

São defensores dessa teoria Hegel, Hobbes, Jean Bodin, Jhering, John Austin.

O Estado não se confunde, porém, com o Direito, nem é a única fonte de Direito, pois ela também provém das partes e dos grupos.

2.2 Teoria dualista

A teoria dualista também é chamada de teoria pluralista. Afirma que o Estado e o Direito não se confundem, pois são distintos e independentes. Há uma pluralidade de fontes de Direito.

As associações - até a Máfia - também têm os seus direitos.

Quando se fala numa instituição, numa organização, pressupõe-se que exista um conjunto de regras para estruturá-la.

Os grupos também produzem o Direito e estão inseridos no Estado.

Do Estado vem apenas o direito positivo, mas nada impede que as partes estabeleçam normas de conduta, como nos contratos, na convenção ou no acordo coletivo de trabalho, nos regulamentos de empresa etc.

O Estado teria por objetivo positivar o Direito.

Léon Duguit admite a pluralidade das fontes do Direito.

---

31 REALE, Miguel. *Teoria do direito e do Estado*, cit., p. 309, nota 21.

32 Idem, p. 315.

33 MARTINS, Sergio Pinto. *Pluralismo do direito do trabalho*. 2. ed. São Paulo: Saraiva, 2016, p. 42.

Santi Romano afirma que "a ordem jurídica é uma entidade que se move em parte, segundo normas, mas é ela principalmente que move as próprias normas como peões em um tabuleiro de xadrez, normas essas que representam, assim, antes o meio de sua atividade do que um elemento de sua estrutura"[34].

2.3 Teoria do paralelismo

O Estado não se confunde com o Direito. As realidades de ambos são distintas, mas são interdependentes.

Onde está o Direito está o Estado. Onde está o Estado está o Direito. Daí se falar em Estado de Direito.

Haveria uma forma gradual de positividade jurídica. Era esse o pensamento de Giorgio Del Vecchio. É no Estado que está o centro de irradiação do Direito.

Giorgio Del Vecchio admite que "toda sociedade tende a criar e desenvolver um direito próprio, o qual é, de ordinário, conforme ao estatal, mas pode igualmente representar um desvio ou contraste em confronto com este"[35].

O Estado não é a única fonte de produção do Direito, que surge também da consciência dos indivíduos, das associações. É apenas um centro de referência.

Não é obrigado, o Estado, a reconhecer as associações sindicais, desde que não lesem os princípios fundamentais da constituição política e os direitos individuais[36].

Tende o Estado a concentrar em si a atividade normativa, de maneira que forme um sistema coerente e orgânico das determinações jurídicas, individuais e sociais, que são produzidas em seu seio[37].

Toda a sociedade tende a produzir um direito próprio, como as organizações formadas dentro de cada Estado, mas independentes dele e, às vezes, contrárias a ele e outras, ainda, que transcendem os limites do Estado[38].

Podem existir tantos centros de determinações jurídicas quantos sejam os círculos sociais.

---

[34] SANTI ROMANO. *L´Ordinamento giuridico*. Pisa: 1918, p. 16.

[35] DEL VECCHIO, Giorgio. *Teoria do Estado*. São Paulo: Saraiva, 1957, p. 114.

[36] Idem, p. 115.

[37] Idem, p. 117.

[38] Idem, p. 126.

As organizações possuem uma ordem própria, pois sem essas regras não seriam sociedades, mas o caos[39].

Não deve o Estado reprimir as associações, mas reconhecê-las e estimulá-las, salvo aquelas que tenham um direto antagonismo com a ordem jurídica[40].

O Estado é o sistema ou o ordenamento jurídico dotado de grau relativamente mais alto de positividade.

A positividade é a maior ou menor eficácia de uma norma ou conjunto de normas em determinado momento, dependendo de fatos psicológicos e físicos.

Os ordenamentos inferiores são parte do ordenamento estatal, pois não regulam as condutas das pessoas, mas apenas algumas de suas manifestações[41].

Distancia-se Del Vecchio de Kelsen quando, ao se referir a Direito Positivo, admite outras esferas de positividade jurídica. Rejeita o primado do Direito Internacional, atribuindo ao ordenamento jurídico estatal uma competência originária.

A teoria do paralelismo acaba completando a teoria dualista ou a teoria pluralista.

2.4 Escola do materialismo jurídico

Para a escola do materialismo jurídico, o Estado é anterior ao Direito. O Estado é o único detentor do poder de coação. É a única fonte do Direito.

Rudolf Von Jhering leciona que "na fase atual da vida das sociedades, os dois elementos do Direito - a coação e a norma - são insuficientes para criar o que chamaremos o Estado jurídico. Falta-lhe ainda um elemento - a norma bilateralmente obrigatória - em virtude do qual o próprio Estado se inclina diante das regras que editou e às quais de fato concede, enquanto existirem, o império que por ato seu lhes atribuiu. É o que chamamos a ordem jurídica. O direito, nesta acepção lata, implica a força bilateralmente obrigatória da lei, isto é, a submissão do próprio Estado às leis que ele promulga. Aquele que se submete ao direito procede legalmente, e, se vai contra o direito, procede ilegalmente, comete uma injustiça. O Estado está, contudo, em relação ao direito, colocado em situação diversa da do súdito. Tendo a missão e o poder de realizar o direito, ele pode e deve constranger à sua observância aqueles que deles se afastarem. O Estado ordena, o súdito obe-

---

39 Idem, p. 235.

40 Idem, p. 127-128.

41 DEL VECCHIO, Giorgio. *Teoria do Estado*, cit., p. 233.

dece. Esta situação diferente imprime à injustiça cometida pelo Estado, quando comparada à injustiça cometida pelo súdito, um caráter particular. A linguagem compreendeu bem este fato, quando designou a injustiça do Estado pelo nome de arbítrio (*Willkür*)"[42].

Jellinek argumenta que "acompanha, pois, a todo princípio de direito a segurança de que o Estado se obriga a si mesmo a cumpri-lo, a qual é uma garantia para os submetidos ao Direito. A ordem dada pelo Estado a seus órgãos para executar as disposições jurídicas não é puro arbítrio daquele como acontece na teoria oposta se quer ser consequente consigo mesma, senão que se trata de cumprir um dever; o Estado se obriga a si mesmo no ato de cumprir um dever; o Estado se obriga a si mesmo no ato de criar um Direito a respeito de seus súditos, qualquer que seja o modo como o direito nasce, a aplicá-lo e mantê-lo". "A ideia da auto-obrigação do Estado a respeito de seu Direito há desempenhado papel importantíssimo na formação do constitucionalismo moderno. Não só tratar de conter a onipotência do Estado mediante a fixação de normas para a exteriorização de sua vontade, senão que trata de refrear-lhe mui especialmente, mediante o reconhecimento de direitos individuais garantidos. Esta garantia consiste em outorgar aos direitos protegidos o caráter de imutáveis"[43]. "O direito é feito para o Estado e não o Estado para o direito".

2.5 Escola sociológica

A escola sociológica entende que o Direito é anterior ao Estado.

A referida escola parte do pressuposto de que a Sociologia está num plano muito elevado, pois "é a garantia objetiva do Direito"[44].

Assim, a Sociologia estaria acima do Direito e informaria o Direito.

Na verdade, nem o Estado é anterior ao Direito, nem o Direito é anterior ao Estado[45]. Eles têm evolução diversa no curso da História.

Willhelm Sauer afirma que Direito e Estado são conceitos paralelos. "Nem o Direito é imaginável sem o Estado, nem o Estado sem o Direito"[46].

---

42 JHERING, Rudolf Von. *Zweck im Recht*.

43 JELLINEK, Georg. *Teoría general del Estado*. Buenos Aires: Albatros, 1943, p. 302 e 305.

44 STERNBERG, Theodor. *Introducción a la ciência del derecho*. Barcelona: Labor, 1940, p. 162.

45 MENEZES, Aderson de. *Teoria geral do Estado*. 4. ed. Rio de Janeiro: Forense, 1984, p. 73.

46 SAUER, Wilhelm. *Filosofia jurídica y social*. Barcelona: Labor, 1933, p. 193.

O Estado vai evoluindo no curso da História, de acordo com os costumes do seu povo, visando ao bem comum. Ele tem características filosóficas, étnicas, econômicas, políticas e jurídicas.

Para a formação do Estado era necessário que houvesse antes um ordenamento jurídico. Do contrário, não haveria fundamento para sua criação. Antes do surgimento do Estado, já existia um direito civil regulando a vida das pessoas, como em relação à família.

Acaba sendo necessário o Estado para regular a vida humana em sociedade, de acordo com a sua Constituição e suas leis.

3

Conceito

3.1 Etimologia

Em latim, *status* tem o sentido de situação ou de condição. No Direito Romano, *status civitatis* era a divisão em romanos e estrangeiros, de acordo com a posição do indivíduo na sociedade. *Status libertatis* era a divisão em indivíduos livres, libertos e escravos, de acordo com a autonomia da pessoa. *Status familiae* era dividido em *sui iuris*, que seriam as pessoas capazes de exercer seus direitos, e *alieni iuris* (incapazes).

Na Idade Média, o Estado era considerado os estamentos do reino, isto é, o clero, a nobreza e a burguesia, que poderiam ser convocados pelo monarca, formando os estados gerais. Era uma espécie de assembleia nacional.

A palavra "Estado" surge na obra *O príncipe*, de Maquiavel: "todos os Estados, todos os domínios que tiveram e têm império os homens, foram e são ou repúblicas ou principados".

"Estado" vem do latim *Statu*. É um substantivo masculino. Tem o significado de estar firme. Em italiano se fala *Stato*. Em inglês, *State*. Em francês, *État*. Em alemão, *Staat*. Em espanhol e português, *Estado*.

A palavra Estado é usada com o significado atual em 1696 na primeira edição do *Dicionário da Academia Francesa*.

3.2 Denominação

A denominação Teoria Geral do Estado vem da expressão alemã *Allgemeine*

Staatslehre, criada em 1672 pelo holandês Ulric Huber. Não se pode falar em Teoria Geral do Estado, pois toda teoria ou doutrina é geral. Não existe uma teoria particular. Daí melhor se utilizar a denominação Teoria do Estado (*Staatslehre*), que passou a ser usada por Hermann Heller[47].

Não será estudada a teoria de um estudo em particular, mas a Teoria do Estado, de qualquer Estado. Estudar-se-á o Estado e não um Estado.

Alguns autores denominam a matéria Ciência do Estado ou Doutrina do Estado[48].

Nos Estados Unidos, usa-se a denominação *Political Science* e na França, *Science Politique.*

3.3 Conceito

A Teoria do Estado estuda a origem, a evolução, a organização, o funcionamento, os fundamentos e as finalidades do Estado. Pode ser considerada a parte geral do Direito Constitucional, tanto que deve ser ensinada nas Faculdades de Direito antes do Direito Constitucional, por ser uma espécie de base, de fundamentação para o Direito Constitucional.

Pode o Estado ser estudado sob diversos ângulos, razão pela qual cada autor trata do tema de um modo. Titus aponta 145 definições diferentes de Estado[49].

O Estado é um fato social e histórico. Há um fundo sociológico a estudar, embora também tenha característica cultural.

Aristóteles já afirmava que a Política é a ciência do Estado.

Mário Mazagão aperfeiçoou a afirmação de Aristóteles, no sentido de que a política é o conjunto das ciências do Estado[50].

As doutrinas monárquicas conceituam o Estado como objetivo do direito. As doutrinas democráticas conceituam o Estado como sujeito de direito, como pessoa jurídica.

Há outros conceitos que têm característica política.

Léon Duguit afirma que o Estado é uma força material irresistível, limitada e regulada pelo Direito. O Estado é uma superposição de classes. A classe dos go-

---

47 HELLER, Hermann. *Staatslehre*. Leiden: Sijthoff, 1934.

48 GROPPALI, Alexandre. *Doutrina do Estado*. 2. ed. São Paulo: Saraiva, 1962, p. 3 a 8.

49 TITUS, C. H. A nomenclature in political science, 25 *American Political Science Review*, 1931, p. 45.

50 MAZAGÃO, Mário. *Preleções de direito administrativo*. São Paulo: 1937, p. 65.

vernantes, dispondo de força, impõe sua vontade aos governados. Ele tempera a teoria da força pela preeminência do Direito. Estado "é o grupo humano estabelecido em determinado território, onde os mais fortes impõem sua vontade aos mais fracos"[51]. É a força a serviço do Direito[52]. O Estado é um fato consumado: os fracos são submetidos à autoridade dos fortes para terem segurança e proteção. O poder político é dos mais fortes. As vontades individuais dominantes dirigem a massa dos governados. O Estado é "uma sociedade onde vontades individuais mais fortes se impõem às outras vontades"[53]. Duguit, na verdade, confunde o Estado com o governo, usando tais palavras como sinônimas.

Heller ensina que o Estado é unidade de dominação[54].

Georges Burdeau assevera que o Estado é uma institucionalização do poder[55].

Georges Gurvitch declara que o Estado é o monopólio do poder[56].

Esses conceitos têm a característica de indicar a força no poder do Estado.

A doutrina jurídica dos órgãos, formulada por Gierke, mostra que toda pessoa jurídica tem vontade distinta da de seus membros.

Existem conceitos em que a característica é jurídica, de integração na ordem jurídica do Estado.

Santi Romano menciona que o Estado é uma ordem jurídica territorial soberana[57].

Raneletti leciona que há uma ordenação de pessoas, dentro de um território[58].

Del Vecchio informa que o Estado é "a unidade de um sistema jurídico que tem em si mesmo o próprio centro autônomo e que é possuidor da suprema qualidade de pessoa"[59]. Em outra obra afirma que Estado é "o sujeito da Ordem Jurídica, na qual se realiza a comunidade de vida de um povo"[60].

Jellinek mostra que o Estado é uma corporação territorial dotada de um poder de mando originário. Existe uma ordenação jurídica em relação às pessoas[61].

---

51 DUGUIT, Léon. *Droit constitutionnel*. 4. ed. Paris: p. 14-15.

52 DUGUIT, Léon. *Manuel de droit constitutionnel*. 3. ed. Paris: Boccard, 1928, § 14.

53 DUGUIT, Léon. *Traité de droit constitutionnel*. Paris: Boccard, 1923/1927.

54 HELLER, Herman. *Teoría del Estado*. México: Fondo de Cultura Econômica, 1947.

55 BURDEAU, Georges. *L'État*. Paris: Seuil, 1970.

56 GURVITCH, Georges. *L'idée du droit social*. Paris: Sirey, 1932.

57 ROMANO, Santi. *Principii di diritto costituzionale generale*. Milão: Giuffrè, 1947, p. 71.

58 RANELETTI, Oreste. *Istituzioni di diritto pubblico*. Milão: Giuffrè, 1955, Parte Geral.

59 DEL VECCHIO, Giorgio. *Studi sullo stato*. Milão, Giuffrè, 1958.

60 DEL VECCHIO, Giorgio. *Philosophie du Droit*. Paris: Dalloz, p. 351-352.

61 JELLINEK, Georg. *Teoria general del Estado*. Buenos Aires: Albatros, 1954.

Kelsen apresenta o conceito do Estado a partir da teoria da imputação. O Estado, como sujeito de atos estatais, é um centro de imputação[62]. É o Estado o centro de convergência de todos os atos qualificados como estatais em razão da imputação. Entende que o Estado é a ordem coativa normativa da conduta humana[63].

Estado é a reunião de pessoas numa sociedade política e juridicamente organizada, dotada de soberania, dentro de um território, sob um governo, para a realização do bem comum do povo[64].

As sociedades tinham, de um modo geral ou primitivo, uma organização política e jurídica, mas a verdadeira sociedade política e juridicamente organizada é o Estado.

O Estado é como uma teia de aranha que vai enrolando na pessoa e a envolvendo. Isso ocorre desde o momento em que ela nasce, com a proteção ao nascituro, até a sua morte, que pode gerar pensão previdenciária, herança e cumprimento de disposições de última vontade.

Bem comum é o conjunto de todas as condições de vida social que consistam e favoreçam o desenvolvimento integral da personalidade humana[65].

São elementos do Estado o território, o governo e o povo.

São elementos materiais a população e o território.

São elementos formais o ordenamento jurídico e o governo soberano.

Há autores que incluem um quarto elemento do Estado, que seria a soberania[66]. O governo pressupõe a existência de soberania. Do contrário, não se pode falar em governo. Não há governo que não tenha soberania. Um Estado que não é soberano não é Estado.

Groppali inclui outro elemento: a finalidade, pois as pessoas só se integram numa ordem e vivem sob um poder, em razão de um fim a atingir. Se o Estado tem ordem e poder próprios, deverá ter uma finalidade peculiar, visando justificar a sua existência. A finalidade constitui o elemento espiritual do Estado, "fazendo-o viver no tempo em um contínuo trabalho para atingir metas cada vez mais altas". Seria

---

62 KELSEN, Hans. *Teoria general del Estado*. Barcelona: Labor, 1934, p. 116.

63 KELSEN, Hans. *Teoría general del Estado*. México: Nacional, 1959.

64 MARTINS, Sergio Pinto. *Instituições de direito público e privado*. 17. ed. São Paulo: Saraiva, 2017, p. 74.

65 Papa João XXIII, *Pacem in terris*, Encíclica, II, 58.

66 PAUPERIO, Arthur Machado. *Teoria geral do Estado*. 6. ed. Rio de Janeiro: Freitas Bastos, 1971, p. 135.

um elemento teleológico. Não é possível conceber um Estado que "não tenha um fim para o qual tenda na manifestação de sua atividade"[67].

O Estado é uma criação da vida jurídica. É necessário para preservar a ordem e para que as pessoas possam viver em sociedade.

3.4 Distinção

Difere a Teoria do Estado da Ciência Política. Na primeira, o Estado é analisado de forma abstrata. Visa-se a uma visão geral, em que são estudados o desenvolvimento histórico do Estado, sua evolução, sua estrutura, suas formas, suas finalidades, suas funções, sua organização. O Estado é estudado pelos aspectos histórico, sociológico, jurídico e filosófico.

A Ciência Política estuda o Estado de forma mais concreta ou abrangente. Serve de base a Ciência Política para a Teoria do Estado, pois estuda os fenômenos políticos.

Autores franceses, como Carré de Malberg, entendem que a Teoria do Estado é a parte geral do Direito Constitucional, que lhe dá fundamentação.

O Direito Constitucional estuda a Constituição de um Estado específico, seu conteúdo, sua interpretação. Não vai estudar a Teoria que forma os Estados.

3.5 Espécies

A Teoria Social do Estado analisa o início e o desenvolvimento do Estado em relação a fatores históricos, sociais e econômicos.

A Teoria Política do Estado estuda as finalidades do governo em decorrência dos diversos sistemas de cultura.

A Teoria Jurídica do Estado estuda a estrutura, a personificação e o ordenamento legal do Estado.

3.6 Método

A palavra método vem do grego *meta*, que significa através; e *odos*, caminho. Significa o caminho que conduz a alguma parte.

---

[67] GROPPALI, Alexandre. *Doutrina do Estado*. 2. ed. São Paulo: Saraiva, 1962, p. 141.

Autores alemães entendem que a Teoria do Estado vai estudar os aspectos jurídicos do Estado. Não se iriam verificar elementos sociológicos.

Para a outra corrente, são importantes os aspectos sociológicos e políticos, e não a análise jurídica.

Na verdade, todos os métodos serão analisados para se conhecer o Estado, como a sua história, os elementos sociológicos, filosóficos, políticos e jurídicos.

O método indutivo vai mostrar a matéria pelos ângulos da comparação e da observação.

Cuvier afirmava: "Dai-me um osso e eu vos reconstruirei com segurança o esqueleto do qual ele constituía uma parte integrante".

Os etinólogos dizem: "Dai-me um instrumento, um utensílio, um resíduo qualquer de uma sociedade primitiva, e nós reconstruiremos toda sua organização social".

Com base na história e na evolução dos Estados antigos, eles serão reconstruídos para os dias de hoje e chegaremos a entender melhor os Estados atuais. Dai-me elementos históricos do Estado e será reconstruída a sua organização social.

4
Autonomia da Teoria do Estado

Envolve a autonomia de um ramo do Direito, aspecto meramente didático. Verifica-se apenas se aquela disciplina reúne um grupo suficiente de regras jurídicas, de forma orgânica.

Não se pode dizer, porém, que um ramo do Direito seria autônomo do próprio Direito, pois seria o mesmo que admitir a autonomia da espécie em relação ao gênero.

Duas teorias informam a autonomia da Teoria do Estado.

A primeira, teoria monista, entende que a Teoria do Estado se confunde com o Direito Constitucional. Seria uma mera introdução para o Direito Constitucional, mas não se constituiria em disciplina autônoma.

A segunda teoria, denominada dualista, dispõe que há autonomia da Teoria do Estado, mostrando que esse ramo do Direito não se confunde com o Direito Constitucional.

Segundo Alfredo Rocco[68], para caracterizar a autonomia de uma ciência é mister que: (a) ela seja bastante vasta a ponto de merecer um estudo de conjunto, adequado e particular; (b) ela contenha doutrinas homogêneas dominadas por conceitos gerais comuns e distintos dos conceitos gerais que informam outras disciplinas, e; (c) possua método próprio, empregando processos especiais para o conhecimento das verdades que constituem objeto de suas investigações. Na ver-

[68] ROCCO, Alfredo. *Principii di diritto commerciale.* Turim: Utet, 1928, p. 72.

dade, não existe método próprio no estudo do Direito. O método é um só e vale para todos os seus ramos.

Serão examinados os aspectos levantados pelo ilustre jurista sob o ângulo do desenvolvimento legal, doutrinário, didático, da existência de princípios e de instituições próprias etc.

Os fundamentos da Teoria do Estado são históricos, mas outros fundamentos estão na Constituição e nas leis.

O Estado é uma instituição, talvez a principal instituição. É algo que perdura no tempo ou em que o objetivo é que perdure no tempo.

A Teoria do Estado não pretende estudar um Estado, mas o Estado, sua formação, seus fundamentos, seu desenvolvimento etc.

O Direito Constitucional vai estudar a Constituição de um país e não exatamente as Constituições dos países, nem genericamente o Estado.

São, portanto, disciplinas distintas.

No Brasil, o estudo do Estado foi feito na disciplina Direito Público Constitucional. O Decreto-Lei n. 2.639, de 27 de setembro de 1940, desdobrou a matéria em duas cadeiras: Teoria Geral do Estado e Direito Constitucional (art. 1º). A Teoria Geral do Estado passou a ser ministrada na primeira série e o Direito Constitucional na segunda série do curso de Direito. Isso foi aplicado a partir do ano de 1941. A divisão foi feita por motivos políticos, mas, na prática, atingiu também objetivos didáticos.

A partir de dezembro de 1994, o ensino da matéria Teoria Geral do Estado continuou a ser obrigatório. Entretanto, em algumas escolas a denominação foi Ciência Política (com Teoria do Estado).

A autonomia didática é, portanto, notada, pois as faculdades ministram a matéria Teoria do Estado no primeiro ano do curso de Direito. Atualmente, têm sido empregados outros nomes, como Fundamentos do Direito Público, mas, na verdade, a matéria ministrada é Teoria do Estado.

A autonomia científica já é observada, pois existem várias obras de vulto sobre Teoria do Estado, principalmente de autores nacionais, como Miguel Reale, Machado Pauperio, Dalmo de Abreu Dallari, Sahid Maluf, Aderson de Menezes, Darcy Azambuja, Pinto Ferreira; Hans Kelsen, Alexandre Groppali, Georg Jellinek, Bigne de Villeneuve, Giorgio Del Vecchio e outros.

Já há, portanto, autonomia da Teoria do Estado em relação ao Direito Constitucional.

5
Posição Enciclopédica da Teoria do Estado

A taxionomia ou posição enciclopédica vai estudar onde um ramo do Direito se enquadra dentro do próprio Direito.

Ulpiano dividia o Direito em público e privado, embora entendendo tal classificação como meramente didática, pois o Direito, enquanto Ciência, é o gênero, tendo seus diversos ramos, que são considerados espécies. Cada ramo do Direito mantém relações e conexões com as demais espécies do gênero.

No século XIX, os juristas de tradição romanista entendiam que o direito público era aquele que envolvia a organização do Estado. Já o direito privado era o que dizia respeito ao interesse dos particulares. Essa orientação permanece nos dias atuais.

Há autores que afirmam não se subordinar, a Teoria do Estado, a nenhuma das ciências gerais. Seria uma ciência em si mesma, que teria autonomia, pois envolve os aspectos sociológico, político e jurídico.

Alexandre Groppali leciona que a Doutrina do Estado é uma ciência geral[69]. Ela se relaciona com várias ciências, como a Política, a Ética, a Filosofia, a História e a Sociologia.

A Teoria do Estado pertence, na verdade, ao direito público. É uma iniciação ao Direito Constitucional. Serve de base ou de fundamentação ao Direito Constitucional.

O Estado vai ser analisado sob o ponto de vista histórico, da sua evolução, da sua organização, de seus fundamentos e de seus fins.

---

69 GROPPALLI, Alexandre. *Doutrina de estado*. 2. ed. São Paulo: Saraiva, 1962, p. 8.

6

Relações da Teoria do Estado com os Demais Ramos do Direito

Tem a Teoria do Estado relação com outras disciplinas jurídicas, por fazer parte do Direito.

A Teoria do Estado se relaciona principalmente com o Direito Público, pois dá fundamento a ele, como o Direito Constitucional, Direito Administrativo, Direito Tributário, Direito Penal. Na época em que foi sendo formada a Teoria do Estado, não existia ainda o Direito do Trabalho, que surge no começo de 1900 para alguns países, ou, no Brasil, a partir de 1930.

Às vezes, a Teoria do Estado é estudada pelos autores de direito público, principalmente de Direito Constitucional (Léon Duguit, Maurice Hauriou, Georges Renard), Direito Administrativo (Gaston Jèze) ou estudiosos da Teoria do Direito (Hans Kelsen) e da Filosofia do Direito (Miguel Reale, Giorgio Del Vecchio).

6.1 Direito constitucional

A Teoria do Estado se relaciona principalmente com o Direito Constitucional, pois é a premissa inicial para o estudo do Direito Constitucional. É a teoria que dá sustentação ao Direito Constitucional.

6.2 Direito administrativo

O Direito Administrativo tem seus fundamentos ou suas bases na Constituição. Toma por fundamento também a Teoria do Estado para que o Estado possa administrar, de acordo com as regras estabelecidas na Constituição, nas leis, nos decretos etc.

6.3 Direito tributário

A relação com o Direito Tributário é verificada a partir da análise do Estado e seu Poder Fiscal sobre os contribuintes. A tributação vai depender da previsão da Constituição e da sua regulamentação feita pelas leis. A norma constitucional vai estabelecer regras gerais e dizer o que vai ser tributado pelo Estado.

6.4 Direito penal

O Estado vai estabelecer quais são os crimes e quais são as penas. Somente o Estado tem o direito de punir, estabelecendo crimes e penas. Os particulares não têm esse poder de punir.

A Constituição estabelece que não há crime sem lei anterior que o defina, nem pena sem prévia cominação legal (art. 5º, XXXIX).

6.5 Direito internacional

Com o Direito Internacional se relaciona o Direito do Estado no ponto da soberania dos Estados. Cada Estado tem a sua soberania e vai exercê-la de acordo com a previsão da sua Constituição.

Há problemas de soberania em relação ao mar territorial e ao espaço aéreo dos países.

6.6 Filosofia do Direito

A Filosofia do Direito estuda todos os fenômenos pertinentes ao Direito.

Dá sustentação, a Filosofia do Direito, aos fundamentos filosóficos do Estado.

A Filosofia do Direito estuda se Estado e Direito são uma coisa só ou são distintos.

7

Fontes da Teoria do Estado

7.1 Introdução

O estudo das fontes do Direito pode ter várias acepções, como sua origem, o fundamento de validade das normas jurídicas e a própria exteriorização do Direito.

Fonte vem do latim *fons*, com o significado de nascente, manancial.

No significado vulgar, fonte tem o sentido de nascente de água, o lugar donde brota água. Figuradamente, refere-se à origem de alguma coisa, de onde provém algo.

Fonte de Direito tem significado metafórico, em razão de que o Direito já é uma fonte de várias normas.

Claude du Pasquier afirma que fonte da regra jurídica "é o ponto pelo qual ela se sai das profundezas da vida social para aparecer à superfície do Direito"[70].

José de Oliveira Ascensão menciona que fonte tem diferentes significados: (a) histórico: considera as fontes históricas do sistema, como o direito romano; (b) instrumental: são os documentos que contêm as regras jurídicas, como códigos, leis etc.; (c) sociológica ou material: são os condicionamentos sociais que produzem determinada norma; (d) orgânico: são os órgãos de produção das normas jurídicas; (e) técnico-jurídico ou dogmático: são os modos de formação e revelação das regras jurídicas[71].

---

[70] PASQUIER, Claude du. *Introduction à la theorie générale et a la philosophie du droit*. Paris: Delachoux e Niestlé, 1978, p. 47.

[71] ASCENSÃO, José de Oliveira. *O direito:* introdução e teoria geral. Lisboa: Fundação Calouste Gulbenkian, 1978, p. 3.

Fontes formais são as formas de exteriorização do direito. Exemplos: as leis, os costumes etc.

Fontes materiais são o complexo de fatores que ocasionam o surgimento de normas, compreendendo fatos e valores. São analisados fatores sociais, psicológicos, econômicos, históricos etc. São, portanto, as fontes materiais, ou seja, os fatores reais que irão influenciar a criação da norma jurídica, isto é, valores que o Direito procura realizar.

Eduardo García Máynez afirma que as fontes formais são como o leito do rio, ou canal, por onde correm e se manifestam as fontes materiais[72].

Há autores que entendem que relevante é apenas o estudo das fontes formais. As fontes materiais dependem da investigação de causas sociais que influenciaram na edição da norma jurídica, matéria que é objeto da Sociologia do Direito.

Alguns autores afirmam que o Estado é a única fonte de Direito (teoria monista), pois ele goza do poder de sanção.

Uma segunda corrente prega que existem vários centros de poder, dos quais emanam normas jurídicas (teoria pluralista).

Miguel Reale prefere trocar a expressão fonte formal pela teoria do modelo jurídico. Este é a "estrutura normativa que ordena fatos segundo valores, numa qualificação tipológica de comportamentos futuros, a que se ligam determinadas consequências"[73]. A ordem jurídica deve ter por fundamento a experiência, que reflete a realidade social, permitindo constante transformação.

As fontes podem ser classificadas de várias formas. Quanto à existência de agente externo, podem ser heterônomas e autônomas. Heterônomas são as impostas por agente externo. Exemplos: Constituição, leis, decretos, sentença normativa, regulamento de empresa, quando unilateral. Autônomas são as elaboradas pelos próprios interessados. Exemplos: costume, convenção e acordo coletivo, regulamento de empresa, quando bilateral, contrato de trabalho.

Quanto às pessoas que as elaboram, podem ser estatais, extraestatais e profissionais.

As fontes estatais mostram que o Estado elabora a norma jurídica. Exemplos: a Constituição, as leis. Extraestatais são fontes em que as próprias partes elaboram a norma. Exemplos: o costume, o contrato etc. Profissionais são as fontes estabe-

---

72 MÁYNEZ, Eduardo García. *Introducción al estudio del derecho*. México: Porrúa, 1968, p. 51.

73 REALE, Miguel. *O direito como experiência*. 2. ed. São Paulo: Saraiva, 1999, p. 162.

lecidas pelos próprios trabalhadores e empregadores interessados, como na convenção e no acordo coletivo de trabalho, que poderiam criar complementação de aposentadoria, complementação de auxílio-doença etc.

Quanto à vontade das partes envolvidas, as fontes podem ser: (a) voluntárias: quando elaboradas voluntariamente pelas partes, como no contrato, na convenção ou acordo coletivo; (b) imperativas, quando são determinadas pelo Estado, como as Constituições, as leis etc.

Há fontes comuns a todos os ramos do Direito, como a Constituição, a lei etc.

Pode-se dizer, para justificar as fontes de Direito, que as normas de maior hierarquia seriam o fundamento de validade das regras de hierarquia inferior.

As fontes formais da Teoria do Estado são a Constituição, as leis complementares e ordinárias e os decretos expedidos pelo Poder Executivo.

Fontes diretas da Teoria do Estado são a história, as instituições políticas que se desenvolveram no curso do tempo. Podem ser exemplos o Código de Hamurabi, a Lei das XII Tábuas (*Lex duodec tabularum*).

Fontes indiretas ou subsidiárias são o estudo de outras sociedades, como dos animais, de sociedades selvagens etc.

A doutrina e a jurisprudência também exercem importante papel ao analisar as disposições da Teoria do Estado, mas a verdadeira fonte é a legislação.

A doutrina também se constitui em valioso critério para a análise da Teoria do Estado, mas não se pode dizer que venha a ser uma de suas fontes, justamente porque os juízes não estão obrigados a observar a doutrina nas suas decisões, tanto que a doutrina muitas vezes não é pacífica, tendo posicionamentos opostos.

A analogia, a equidade, os princípios gerais de Direito e o Direito comparado não constituem fontes formais, mas critérios de integração da norma jurídica.

7.2 Constituição

As constituições brasileiras sempre disciplinaram regras sobre o Estado e o seu funcionamento. A Constituição de 1824 já fazia referência a isso. As demais Constituições foram se aperfeiçoando e se modernizando no assunto.

8

Povo

8.1 Povo

Na Grécia, a palavra cidadão era usada apenas para quem participasse ativamente da sociedade política, como a pessoa que participava da tomada de decisões políticas.

Em Roma, inicialmente usava-se a palavra "povo" para indicar o conjunto de cidadãos. Mais tarde, foi usado para significar o próprio Estado romano.

Na obra de Marsílio de Pádua, *Defensor Pacis*, de 1324, povo tinha uma noção unitária e ampla, no sentido de a fonte da lei.

Rousseau, no *Contrato social*, entendia que a palavra cidadão deveria ser um qualificativo dos membros das classes dirigentes (Capítulo VI, do Livro I). Entretanto, a palavra era usada indiscriminadamente pelos franceses. Povo não poderia ser confundido com ralé. Madame Lambert, discípula de Montesquieu, dizia que povo eram as pessoas "que pensam de maneira baixa e vulgar".

O povo é o componente humano ou pessoal do Estado.

Povo é o conjunto de pessoas que estão adstritas, pela ordem jurídica estatal, à sua jurisdição, que compreende tanto o que reside no Estado como o que está fora dele.

O povo tem o aspecto subjetivo, no sentido de ser elemento componente do Estado. O aspecto objetivo diz respeito ao objeto da atividade do Estado. As pessoas estão dentro de uma relação de subordinação com o Estado e são, portanto, sujeitos de deveres. Como membros do Estado, as pessoas estão numa relação de coordenação, sendo sujeitos de direitos[74].

O povo é composto de pessoas que pertençam ao país, mesmo residindo no exterior, como ocorre com um embaixador em outro país.

8.2 Nacionalidade

Há dois critérios para definir a nacionalidade: o *ius sanguinis* e o *ius soli*. No *ius sanguinis*, a pessoa tem a mesma nacionalidade de seus pais, sendo, portanto, decorrente do sangue, seja qual for o local em que nascer. No *ius soli*, a pessoa que nascer no território do Estado adquire a nacionalidade desse Estado.

São brasileiros natos: (a) os nascidos na República Federativa do Brasil, ainda que de pais estrangeiros, desde que estes não estejam a serviço de seu país. É a aplicação do *ius soli*; (b) os nascidos no estrangeiro, depois de atingida a maioridade, de pai brasileiro ou mãe brasileira, desde que sejam registrados em repartição brasileira competente ou qualquer deles esteja a serviço do Brasil. É a observância do *ius sanguinis*; (c) os nascidos no estrangeiro de pai brasileiro ou mãe brasileira, desde que sejam registrados em repartição brasileira competente ou venham a residir no Brasil e optem, em qualquer tempo, depois de atingida a maioridade pela nacionalidade brasileira (art. 12, I, da Constituição). O Brasil, portanto, adota um critério misto.

Serão brasileiros naturalizados: (a) os que, na forma da lei, adquiram a nacionalidade brasileira, exigidas aos originários de países de língua portuguesa apenas residência por um ano ininterrupto e idoneidade moral; (b) os estrangeiros de qualquer nacionalidade residentes no Brasil há mais de 15 anos ininterruptos e sem condenação penal, desde que requeiram a nacionalidade brasileira.

Aos portugueses com residência permanente no país, se houver reciprocidade em favor dos brasileiros, serão atribuídos os direitos inerentes ao brasileiro, salvo os casos previstos na Constituição.

Na França, é francesa a criança nascida quando um dos pais ao menos é francês (art. 18 do Código Civil). Toda criança nascida na França de parentes estrangeiros adquire a nacionalidade francesa na sua maioridade se, nesta data, ela tem sua residência na França e se teve sua residência habitual na França durante um período contínuo ou descontínuo de ao menos cinco anos, após a idade de 11 anos (art. 21-7 do Código Civil).

---

[74] JELLINEK, Georg. *Teoria general del derecho*. Buenos Aires: Albatros, 1954.

A lei não poderá estabelecer distinção entre brasileiros natos e naturalizados, salvo as previstas na própria Constituição (§ 2º do art. 12 da Constituição).

São privativos de brasileiro nato os cargos: (a) de Presidente e Vice-presidente da República; (b) de Presidente da Câmara dos Deputados; (c) de Presidente do Senado Federal; (d) de Ministro do Supremo Tribunal Federal; (e) de carreira diplomática; (f) de oficial das Forças Armadas; (g) de Ministro de Estado da Defesa.

Será declarada a perda da nacionalidade do brasileiro que: (a) tiver cancelada sua naturalização, por sentença judicial, em virtude de atividade nociva ao interesse nacional; (b) adquirir outra nacionalidade, salvo nos casos de: (1) reconhecimento de nacionalidade originária pela lei estrangeira; (2) imposição de naturalização, pela forma estrangeira, ao brasileiro residente em Estado estrangeiro, como condição para permanência em seu território ou para o exercício de direitos civis (§ 3º do art. 12 da Constituição).

8.3 População

População é o número total de habitantes que vivem num país, incluindo nacionais, estrangeiros, apátridas etc.

É a expressão numérica das pessoas que vivem no país.

É o conjunto de pessoas que habita um território de um Estado. Envolve quantidade, demografia. A população muda a todo o tempo com nascimentos e mortes.

Segundo dados do IBGE, o Brasil tem sua população de 211 milhões de pessoas.

O povo não tem característica demográfica. Não representa variação. É considerado em seu conjunto.

A população pode ser dividida: quanto à cor: branco, negros; quanto à raça: ariana; quanto à língua: latinos ou anglo-saxões; quanto à religião: católicos, protestantes; quanto às atividades: agrícolas, industriais, de serviços.

9

Nação

9.1. Etimologia

Nação vem do latim *natio*, palavra derivada de *natus*, particípio do verbo *nascor*, que significa nascer. Num sentido ético, é o fato de a pessoa ser nascida no território (indígena), em oposição aos alienígenas.

A nação é anterior ao Estado. A nação italiana existia antes da unificação feita por Victorio Emanuelle.

9.2. Conceito

Para André Hauriou, nação é "o grupo humano no qual os indivíduos se sentem mutuamente unidos por laços tanto materiais como espirituais, bem como conscientes daquilo que os distingue dos indivíduos integrantes de outros grupos nacionais".

Aldo Bozi define nação como "o sentimento derivado da comunhão de tradição, de história, de língua, de religião, de literatura e de arte, todos estes fatores agregativos e pré-jurídicos". Da palavra pré-jurídicos, denota-se que a nação precede o Estado.

Maurice Hauriou leciona que nação é "uma população fixada ao solo, na qual um laço de parentesco espiritual desenvolve o pensamento da unidade do agrupamento"[75].

---

[75] HAURIOU, Maurice. *Précis de droit constitutionnel*. Paris: Librairie de la Société du Recueil Sirey, 1923, p. 25.

Jellinek faz referência a "um grande número de homens adquire a consciência de que existe entre eles um conjunto de elementos comuns de civilização, e que esses elementos lhes são próprios; tem, ainda, consciência de um mesmo passado histórico e de um deste à parte, distinto do dos outros agrupamentos – e é nisto que consiste uma nação"[76].

Nação é uma comunidade de base histórico-cultural, pertencendo a ela, em regra, os que nascem em certo ambiente cultural feito de tradições e costumes, geralmente expresso numa língua comum, tendo um conceito idêntico de vida e dinamizado pelas mesmas aspirações de futuro e os mesmos ideais coletivos[77].

Nação não tem sentido de povo.

Nação é a sociedade natural de homens, dentro de um território, com mesma origem, costumes, língua e comunhão de vida. Exemplo de nação era a Itália antes da unificação social em 1870, que era constituída de vários Estados. A nação seria, em princípio, a semente da qual surgiu o Estado. A Nação é um dos elementos que forma o Estado (Carré de Malberg).

Renan, ao proferir conferência na Sorbonne, em 11 de março de 1882, afirma que "uma nação é uma alma, um princípio espiritual. Uma encontra-se no passado; a outra, no presente. Uma é a posse comum de um rico legado de tradição; a outra, o consenso atual, o desejo de viver junto, a vontade de prosseguir fazendo valer a herança por todos recebida. O homem não se improvisa jamais. A nação, tal qual o indivíduo, é consequência de longo passado de esforços, de sacrifícios, de desenvolvimento. O custo dos antepassados, entre todos, é o mais legítimo. Nossos ancestrais nos moldaram o que hoje somos. Um passado heroico, de grandes homens, de glória (e eu me refiro à verdadeira), eis o capital social em que se assenta uma ideia nacional. Possuir glórias comuns no passado e vontade comum no presente; ter realizado grandes obras em conjunto e querer realizá-las ainda, eis a condição para ser-me um povo"[78].

Benito Mussolini (1883-1945) assevera que o mito "é uma fé, uma paixão, nem mesmo é necessário que seja real, como essência. Será uma realidade no sentido de que é uma fé, uma esperança, um valor"[79]. "Nosso mito é a nação". "A Nação é fundamentalmente espiritual"[80].

---

[76] JELLINEK, Georg. *L'état moderne et son droit*. Paris: 1913, I, p. 207.

[77] REALE, Miguel. *Teoria do direito e do Estado*. 2. ed. São Paulo: Martins, 1960, p. 158.

[78] RENAN, Ernest. Qu'est-ce qu'une nation? in *Discours e conférences*. Paris: Sorbonne, 1887, p. 26.

[79] MUSSOLINI, Benito. *Escritos e discursos*, t. 3, p. 187.

[80] Idem, t. 2, p. 370.

A Declaração I da Carta del Lavoro dizia que a nação era "a unidade moral, política e econômica que se realiza integralmente no Estado fascista". Mussolini afirmava que em vez de a Nação formar o Estado, é este que passa a formar aquela, por cuja felicidade deve trabalhar. Todos os poderes do Estado eram concentrados no *Duce*. A vontade dele era a vontade do próprio Estado.

Nação é um conjunto de pessoas reunidas em razão de origem, ideais, aspirações e interesses comuns.

9.3. Distinção

Kelsen distingue povo de nação: "a noção de povo não se refere às qualidades físicas ou psíquicas dos homens. O povo, como objeto de estudo da Teoria Geral do Estado, é entidade puramente normativa".

O conceito de Estado é jurídico, enquanto o conceito de Nação é sociológico. Nação tem característica subjetiva, enquanto o Estado tem conceito objetivo. Nação vem do direito natural. O Estado é criação da vontade humana. Nação é uma comunidade. O Estado é a sociedade.

A Nação pode existir sem ser um Estado. Áustria e Hungria sempre foram nações, pois não têm a mesma língua ou os mesmos costumes. Entretanto, por certo período, formaram um Estado chamado de Áustria-Hungria, mas cada um deles tinha aspirações e interesses distintos, língua diversa, não se constituindo em nação.

A Itália, antes da unificação por Vitorio Emanuelle II, em 1861, era uma nação, mas não era um Estado. Havia vários reinos independentes. A Igreja Católica somente reconheceu o Estado italiano em 1929, pelo tratado de Latrão.

No Estado belga não existe exatamente uma Nação, pois há dois grupos: os flamengos, de Flandres e os valões, que habitam a parte sul-oriental do país.

Mancini (1817-1888) afirma que toda Nação tem o direito de se constituir em Estado. Identifica a Nação segundo os seguintes elementos: (a) naturais: raça, língua, território; (b) históricos: costumes, tradições, religião, leis; (c) psicológico: consciência nacional[81].

9.4. Raça

Quanto aos elementos naturais, a raça é o complexo de características morfológicas.

---

81 MANCINI, Pasquale Stanislaw. *Diritto Internazionale*, 1873.

Alexandre Groppali afirma que raça é o complexo de caracteres somáticos que identificam determinado grupo humano e são transmitidos hereditariamente[82]. A Nação pode ser formada de várias raças. A raça pode ser homogênea em certo país e não ser em outros.

A raça pode ser branca, negra, amarela. Hoje em dia há uma mistura de raças.

O Brasil foi formado por três grupos étnicos, que são o lusitano, o africano e o ameríndio.

Roma tem origem em três grupos étnicos distintos, que são os latinos, os sabinos e os etruscos.

Território é elemento do Estado. Israel não tinha território até 1948 e os judeus estavam espalhados pelo mundo. Os palestinos estão espalhados por vários lugares sem terem oficialmente um país.

O elemento idioma é relativo.

Na Bélgica, fala-se holandês em Flandres do norte, que seria o flamengo. O francês é falado na Valônia, como na capital Bruxelas. No leste da região da Valônia, fala-se alemão.

Na Suíça, há cantões que falam francês (Genebra); outros que falam alemão e francês (Berna) e outro que fala alemão, romanche e italiano (Grisões, em que a capital é Coira).

Na Itália, além de se falar italiano, há vários dialetos, como o napolitano, o corso, o calabrês, o toscano, o sardo e o siciliano.

Os elementos históricos são as tradições e os costumes.

A religião pode não ser um fator importante, pois pode ser que em determinado país o povo, na prática, tenha mais de uma religião ou não tenha religião oficial. O Brasil e a França são Estados laicos. Na Alemanha, aproximadamente metade do país é de católicos e metade de protestantes.

Os elementos psicológicos são consciência nacional e necessidades comuns.

Um Estado que não tem a correspondente Nação é um Estado imperfeito. Um Estado que não defende e prova o seu caráter nacional é um Estado ilegítimo (Del Vecchio).

Nação tem influências históricas, pois, em certo momento, determinados grupos resolvem constituir uma nação.

A Nação espanhola foi criada por motivos religiosos, visando a expulsar os maometanos da Península Ibérica, pois eles não aceitavam o Evangelho.

---

[82] GROPPALI, Alexandre. *Doutrina do Estado*. 2. ed. São Paulo: Saraiva, 1962, p. 113.

A Rússia de 1589 surge como uma terceira Roma, pois a Roma dos Césares e a Roma de Bizâncio estavam conquistadas pelos infiéis.

A Nação implica um grupamento humano, com um passado comum, um grupo etnográfico comum, uma história comum, a comunidade de espírito, de vida, de território, de caracteres, de modos, de cultura, de sentimento, de interesses e costumes comuns. É uma comunidade de homens unidos.

O Estado é a personificação jurídica da Nação.

A função de identidade comum é importante para formar a unidade nacional. O papel é assegurar continuamente a manutenção da unidade nacional.

A consciência nacional italiana é proveniente da cultura, da tradição espiritual de Roma.

Sociedade é a união durável de indivíduos que têm um objetivo comum.

Pátria vem do latim *pater*, pai. É empregada a palavra no sentido de onde a pessoa nasceu ou da sua origem. Tem o significado País em relação ao qual se tem uma forte ligação afetiva e que se considera o melhor.

10

Território

10.1 Etimologia

Território vem de *terreo*, *territo*, do que causa medo, receio.

10.2 Conceito

Os romanos diziam que território "é a universalidade das terras dentro dos limites de cada Estado; alguns o chamam assim porque o magistrado desse lugar tem o direito de, dentro destas terras, aterrorizar, isto é de afugentar" (*territorium est universitas agrorum intra fins cuiusque civitatis quod ab eo dictum quidam aiunt, quod magistratus eius loci intra eos fines terrendi, id est, submovendi ius habet*).

Dizem que "o preço da liberdade é a eterna vigilância" do território.

O conceito de território, sob o ponto de vista geográfico, é o de base física e o de país. É o espaço em que tem validade a ordem jurídica.

Apresentam conceitos jurídicos os seguintes autores:

Ferrucio Pergolesi afirma que território é a parte do globo terrestre na qual se acha efetivamente fixado o elemento populacional, com exclusão da soberania de qualquer outro Estado.

Hans Kelsen leciona que o território é o âmbito de validade da norma jurídica.

Para Henry Bonfils, território é o espaço submetido à soberania do Estado.

Para Hildebrando Accioly, território é a parte do globo terrestre na qual se acha efetivamente fixado o elemento populacional, com exclusão de soberania de qualquer outro Estado.

Léon Duguit informa que território é a parte do globo terrestre na qual determinado governo pode exercer o seu poder de constrangimento, organizar e fazer funcionar os diversos serviços públicos.

Pedro Calmon leciona que o território é a base física, o âmbito geográfico da nação, onde ocorre a validade de sua norma jurídica.

10.3 Elemento de Estado

Donato Donati não admitia o território como elemento do Estado. Afirmava que "entendido o território como elemento constitutivo do Estado, seria bem estranha, para não dizer absurda, disposição que estabelecesse substancialmente que a dimensão corpórea do Estado se determinasse pelo poderio de suas armas"[83]. Há Estados que mudam constantemente de território, como os Estados nômades. Dava o exemplo de Estados que perderam sua base física, como Atenas, que foi invadida pelos persas e abandonada pelos seus habitantes. Eles se refugiaram nos navios de Milcíades. A França foi ocupada pela Alemanha nazista em 1940 durante quatro anos.

A perda temporária do Estado não é considerada a desaparição do Estado. No caso da França, o Governo da Resistência tinha se estabelecido em Londres.

O Estado não pode existir sem o território. Seria a mesma coisa que um órgão do corpo pudesse viver sem o corpo, de forma autônoma.

Território é o elemento material, espacial ou físico do Estado. É o limite espacial no qual o Estado exerce seu poder sobre pessoas e bens. Compreende a superfície do solo que o Estado ocupa, seu subsolo, seu mar territorial e o espaço aéreo. Se não se considerasse o território como elemento do Estado, o primeiro seria, então, independente do segundo.

O Estado exerce uma relação de domínio sobre o território. Jellinek afirma que o direito do Estado ao território é decorrente da dominação sobre as pessoas. É um direito reflexo[84]. Na verdade, é também um poder sobre as coisas que estejam sobre o seu território.

---

83 DONATI, Donato. *Stato e territorio*. Roma, 1924, p. 37-8.

84 JELLINEK, Georg *Teoria general del Estado*. Buenos Aires: Albatross, 1954, p. 295-301.

A validade da ordem jurídica estatal depende de um espaço fixo e determinado, que deve ser ocupado com exclusividade[85]. A validade da ordem jurídica do Estado pode, porém, ir além do seu território, quando, por exceção, se cumpre no exterior.

Se um povo ocupa um território de forma incerta, variável, não se pode falar em Estado.

De um modo geral, não existe Estado sem território. O território é a delimitação da soberania. O Estado tem o monopólio de ocupação em determinado espaço.

O Estado sem território ocorre, por exceção, quando um Estado é invadido por alguém. Abissínia foi invadida na última guerra, porém seu governo ficou refugiado em Londres, mantendo suas características de Estado no âmbito internacional.

Em 1871 os exércitos de Garibaldi tomaram posse dos Estados Pontifícios na península itálica. O Papa passou a se considerar prisioneiro do Vaticano. Isso ocorreu até 1929. O Tratado de Latrão, de 11 de fevereiro de 1929, criou a Cidade do Vaticano (art. 3º). Foi reconhecido o novo Estado criado sob a soberania do Papa (art. 26).

O território deve ser certo, irrestrito e inalienável.

10.4 Classificação

Paulo Bonavides classifica o território-patrimônio, que era característica do Estado Medieval. Não faz distinção a teoria entre *imperium* e *dominium*. Seria como se fosse o direito de qualquer proprietário sobre o imóvel.

Território-objeto é a teoria que entende o território como objeto de um direito real de caráter público.

O Estado tem o direito de propriedade sobre o seu território. Na Idade Média, o príncipe ou o rei eram os proprietários do solo.

A teoria do território afirma que o território é a extensão espacial da soberania do Estado. O Estado tem um direito de caráter pessoal, que estaria implícito no poder de *imperium*[86]. Essa teoria é defendida por Gerber, Laband, Jhering, Rosin e Orlando. Jellinek afirma que o Estado tem o poder de dominação e de determinar

[85] KELSEN, Hans. *Teoria general del Estado*. México: Nacional, 1950, p. 181.

[86] BONAVIDES, Paulo. *Ciência política*. Rio de Janeiro: FGV, 1967, p. 50-58.

ordens sobre as pessoas, resultando indiretamente na dominação sobre o território, isto é, sobre o espaço territorial onde estão estas pessoas.

A teoria do espaço mostra a dominação do Estado sobre determinado território.

A teoria do território-competência, defendida por Kelsen, é a que considera o território o âmbito de validade da ordem jurídica do Estado. Abrange os nacionais e estrangeiros nele residentes.

No território político se exerce a dominação do Estado na sua plenitude. Ele se divide em território metropolitano e colonial. Território metropolitano é o que vive o governo central e onde se formou a tradição nacional. Território colonial são as regiões conquistadas pela metrópole, como as colônias inglesas, francesas, portuguesas, espanholas. A França ainda tem colônias no exterior, como Guiana francesa, Martinica, Guadalupe, que são consideradas pela sua legislação como territórios ultramar.

Território comercial é o que ainda não se integrou plenamente à civilização. Certas regiões podem ser vendidas, como o fez a Rússia em 1867, vendendo o Alaska para os Estados Unidos. Os americanos fizeram várias descobertas minerais no Alaska.

O Estado tem domínio sobre o seu território. Pode, até mesmo, vender uma parte do seu território, pois tem um poder absoluto e exclusivo sobre ele. Existe um direito real de natureza pública.

Compreendem o Estado o solo, o subsolo, o espaço aéreo, o mar territorial, os navios mercantes em alto-mar, as embaixadas e os consulados.

Os limites territoriais são estabelecidos, de um modo geral, pelas fronteiras. Fronteira vem do latim *frons*, *frontis* (fachada, frente). A fronteira é onde termina o limite de soberania do Estado.

São fronteiras naturais os rios, as cordilheiras, as montanhas, os lagos etc. Os limites entre França e Espanha são decorrentes dos Pirineus. Parte da fronteira entre França e Itália é feita pelos Alpes, como Mont Blanc ou Monte Bianco. Parte da fronteira entre Itália e Suíça também é feita pelos Alpes.

Fronteiras artificiais são linhas geométricas ou geodésicas, que são estabelecidas como marcos divisórios.

Fronteiras esboçadas não são definitivas, porque há interesses que são variáveis e se modificam.

Fronteiras vivas são as que estão ainda em formação, seja por luta, seja por não estarem ainda perfeitamente definidas.

Fronteiras mortas são limites antigos, que não são mais discutidos entre países.

A Constituição de 1934 fixava uma faixa de fronteira de 100 km (art. 166). As Constituições de 1937 e 1946 estabeleceram 150 km.

A Lei n. 6.634, de 2 de maio de 1979, considerava área indispensável à segurança nacional a faixa interna de 150 km de largura, paralela à linha divisória terrestre do território nacional, que será designada como faixa de fronteira (art. 1º).

Para efeitos penais, consideram-se como extensão do território nacional as embarcações e aeronaves brasileiras, de natureza pública ou a serviço do governo brasileiro onde quer que estejam, bem como as aeronaves e as embarcações brasileiras, mercantes ou de propriedade privada, que se achem, respectivamente, no espaço aéreo correspondente ou em alto-mar (§ 1º do art. 5º do Código Penal). É uma exceção da vigência da lei apenas no território do Brasil. É o que se chama de extraterritorialidade das leis.

10.5 Espaço marítimo

Vicente Marota Rangel estuda a natureza jurídica do mar territorial. "As respostas não se têm revestido de forma rígida. Comportam, ao revés, distinções. Os que sustentam ser o mar territorial parte do alto-mar têm admitido sofra o regime da liberdade dos mares limitações em favor dos interesses dos Estados ribeirinhos. Os defendentes da proposição oposta têm reconhecido, por seu turno, que, no interesse dos demais Estados ou da comunidade internacional, os poderes do Estado sobre o seu território terrestre nem sempre são rigorosamente idênticos aos por ele próprio exercidos sobre o seu mar territorial"[87].

Inicialmente, a ideia da soberania do Estado sobre o mar iria até onde a vista humana tivesse alcance.

Bartolo de Sassoferrato (1319-1357), Paulus Castrenses e Stypmann entendiam que a soberania seria fixada em cem milhas da costa. O rei Jaime Aragão fixou esse limite para a cidade de Cagliari, na Sardenha.

Jean Bodin pretendia que a distância do mar territorial seria de nove milhas.

Grotius entendia que o mar territorial deveria ser considerado até onde o Estado pudesse tornar efetiva e eficaz a autoridade e a posse, em razão dos canhões colocados na praia.

---

[87] RANGEL, Vicente Marotta. *Natureza jurídica e delimitação do mar territorial*. 2. ed. São Paulo: Revista dos Tribunais, 1965, p. 71-72.

A partir do século XVII, prevalecia a regra do Direito Natural de que cessa o poder territorial onde cessa a força das armas (*terrae potestas finitur ubi finitur armorum vis*), até onde a artilharia ou o canhão prevalecerem com o seu potencial destrutivo (*queusque tormenta exploduntur*), que foi defendida pelo holandês Cornelius Van Bynkershoek (1702). Com a ampliação dos tiros com armas, foi adotado o limite de três milhas marítimas, que era o alcance da artilharia costeira com um tiro de canhão. O Brasil adotou essa teoria em 31 de julho de 1950. O Decreto-Lei n. 44, de 18 de novembro de 1966, fixou o limite em seis milhas. Posteriormente, isso foi ampliado para doze milhas, calculada pela linha média da baixa-mar.

Há Estados que fundamentam o interesse da defesa externa, mas também sob o aspecto da exploração econômica, principalmente a pesqueira. São os exemplos da Argentina, Uruguai, Chile e Equador que adotam o mar territorial de 200 milhas da costa. O Brasil adotou esse patamar pelo Decreto-Lei n. 1.098, de 25 de março de 1970.

A Lei n. 8.617, de 4 de janeiro de 1993, revogou o Decreto-Lei n. 1.098/70. O mar territorial brasileiro compreende uma faixa de doze milhas marítimas de largura, medidas a partir da linha de baixa-mar do litoral continental e insular, tal como indicada nas cartas náuticas de grande escala, reconhecidas oficialmente no Brasil (art. 1º). Nos locais em que a costa apresente recortes profundos e reentrâncias ou em que exista uma franja de ilhas ao longo da costa na sua proximidade imediata, será adotado o método das linhas de base retas, ligando pontos apropriados, para o traçado da linha de base, a partir da qual será medida a extensão do mar territorial (parágrafo único do art. 1º). A zona econômica exclusiva brasileira compreende uma faixa que se estende das doze às duzentas milhas marítimas, contadas a partir das linhas de base que servem para medir a largura do mar territorial (art. 6º). Na zona econômica exclusiva, o Brasil tem direitos de soberania para fins de exploração e aproveitamento, conservação e gestão dos recursos naturais, vivos ou não vivos, das águas sobrejacentes ao leito do mar, do leito do mar e seu subsolo, e no que se refere a outras atividades com vistas à exploração e ao aproveitamento da zona para fins econômicos (art. 7º). Na zona econômica exclusiva, o Brasil, no exercício de sua jurisdição, tem o direito exclusivo de regulamentar a investigação científica marinha, a proteção e preservação do meio marítimo, bem como a construção, a operação e o uso de todos os tipos de ilhas artificiais, instalações e estruturas (art. 8º). A investigação científica marinha na zona econômica exclusiva só poderá ser conduzida por outros Estados com o consentimento prévio do Governo brasileiro. A realização por outros Estados, na zona econômica exclusiva, de exercícios ou manobras militares, em particular as que impliquem o uso de armas ou explosivos, somente poderá ocorrer com o consentimento do

Governo brasileiro (art. 9º). É reconhecido a todos os Estados o gozo, na zona econômica exclusiva, das liberdades de navegação e sobrevoo, bem como de outros usos do mar internacionalmente lícitos, relacionados com as referidas liberdades, tais como os ligados à operação de navios e aeronaves (art. 10).

É reconhecido aos navios de todas as nacionalidades o direito de passagem inocente no mar territorial brasileiro (art. 3º da Lei n. 8.617/93). A passagem será considerada inocente desde que não seja prejudicial à paz, à boa ordem ou à segurança do Brasil, devendo ser contínua e rápida. A passagem inocente poderá compreender o parar e o fundear, mas apenas na medida em que tais procedimentos constituam incidentes comuns de navegação ou sejam impostos por motivos de força ou por dificuldade grave, ou tenham por fim prestar auxílio a pessoas a navios ou a aeronaves em perigo ou em dificuldade grave. Os navios estrangeiros no mar territorial brasileiro estarão sujeitos aos regulamentos estabelecidos pelo Governo brasileiro.

São bens da União: os recursos naturais da plataforma continental (art. 20, IV, da Constituição) e o mar territorial (art. 20, VI, da Lei Maior).

Plataforma continental, segundo M. R. Mill, é "o território terrestre que se prolonga submerso pelas águas litorâneas, em lento declive, até atingir a profundidade aproximada de 200 metros, a partir da qual se inicia, via de regra, a descensão brusca do talude".

O art. 1º da Convenção sobre Plataforma Continental, de 1958, afirma que plataforma continental é: "a) o leito do mar e o subsolo das regiões submarinas adjacentes à costa, mas situadas fora do mar territorial, até uma profundidade de 200 metros, ou, além deste limite, até o ponto em que a profundidade das águas sobrejacentes permita o aproveitamento dos recursos naturais das regiões; b) o leito do mar e o subsolo das regiões submarinas análogas, que são adjacentes às costas das ilhas". São adotados dois critérios: da profundidade e da possibilidade de exploração.

10.6 Espaço aéreo

A Convenção de Paris sobre a Regulamentação da Navegação Aérea, de 13 de outubro de 1919, sustentou que todo Estado tem soberania completa e exclusiva sobre o espaço atmosférico acima do seu território.

A Convenção sobre Aviação Civil Internacional de Chicago, em 7 de dezembro de 1941, dispôs: "Os Estados contratantes reconhecem ter cada Estado a soberania exclusiva e absoluta sobre o espaço aéreo acima do seu território" (art. 1º).

A Convenção de Chicago, de 1944, sobre a aviação civil internacional, regulamenta o uso do direito à passagem inofensiva da aeronave sobre o país.

As cinco liberdades do ar são: liberdade de sobrevoo sem escalas, liberdade de trânsitos em escalas técnicas, liberdade do avião para levar passageiros e carga do seu país nacional para o estrangeiro, liberdade do avião para trazer passageiros e carga do país estrangeiro para o país de sua nacionalidade, liberdade de o avião transportar passageiros e carga nos aeroportos intermediários entre o país de sua nacionalidade e o país estrangeiro.

Em 1963, a ONU aprovou uma Declaração de Princípios Jurídicos Aplicáveis às Atividades dos Estados na Exploração e Uso do Espaço Exterior.

Em 1966, foi aprovado um Tratado do Espaço Exterior, em que se nega a qualquer nação a possibilidade de se apossar, no todo ou em parte, do espaço aéreo, inclusive da Lua ou de qualquer outro satélite ou planeta.

Von Holtzendorf entendia que o espaço aéreo acima do território seria de 1.000 metros do ponto mais alto do solo[88].

Rivier entendia que deferia ser fixado território aéreo da mesma forma que o mar costeiro, pelo alcance da arma de fogo.

O Código Brasileiro do Ar, estabelecido pelo Decreto-Lei n. 32, de 18 de novembro de 1966, prescreveu que o Brasil exerce completa e exclusiva soberania sobre o espaço aéreo acima do seu território e respectivas águas jurisdicionais, inclusive a plataforma continental (art. 2º).

O Decreto-Lei n. 234, de 28 de fevereiro de 1967, estabeleceu que o Brasil exerce completa e exclusiva soberania sobre o espaço aéreo acima de seu território e respectivas águas jurisdicionais.

Reza o art. 2º do O Decreto-Lei n. 1.098, de 25 de março de 1970, que a soberania do Brasil se estende no espaço aéreo acima do mar territorial, bem como ao leito e ao subsolo deste mar.

[88] VON HOLTZENDORF, Henning. *La souveraineté aérienne*, p. 288.

11

Governo

A palavra governo tem o sentido de conduzir, dirigir ou administrar.

Governo é a organização necessária para o exercício do poder político[89].

Compreende o Governo a forma pela qual o Estado exerce suas funções.

Esmein diz que governo é a soberania posta em ação[90].

A Administração é o instrumento de efetivação do governo, sendo a ele subordinado.

Governo é o complexo das funções que são exercidas por meio dos representantes. "Administração pública é o conjunto das funções que estão a cargo dos agentes, os quais não têm nenhum caráter representativo e estão subordinados aos órgãos do governo"[91].

Segundo a escola francesa, o governo é uma delegação de soberania nacional. É a própria soberania colocada em ação (Esmein).

A escola alemã entende o governo como um atributo indispensável da personalidade abstrata do Estado.

Duguit leciona que o governo tem dois sentidos: singular e coletivo.

---

89 SALVETTI NETTO, Pedro. *Curso de teoria do Estado.* 4. ed. São Paulo: Saraiva, 1981, p. 55 e 273.

90 ESMEIN, Adhémar. *Élements de droit constitutionnel français et compare*. Paris: Sirey, 1921, p. 21.

91 LIMA, Eusébio Queiros. *Teoria do Estado*. Rio de Janeiro: Freitas Bastos, 1943, p. 307 e 315.

O sentido singular é como o Poder Executivo, que é o "órgão que exerce a função mais ativa na direção dos negócios públicos".

O sentido coletivo: no conjunto de órgãos que presidem a vida política do Estado.

Governo de direito é o que se estabelece de acordo com a ordem jurídica vigente.

Governo de fato é o criado por meio artificial e ilegítimo, como com fraude e violência.

Governo legal é o que observa a previsão do seu ordenamento jurídico.

Governo despótico é o que governa de forma arbitrária.

Governo constitucional é o que observa a determinação da sua Constituição.

Governo absoluto é o que tem a concentração da autoridade num mesmo órgão, que não tem limites na sua atuação política.

Sistema formal de governo é o que tem fundamento nos órgãos que desempenham a função pública.

Sistema material de governo é o que tem fundamento nas funções desempenhadas pelos órgãos públicos.

O Governo necessita de um povo fixado num território.

Não há Governo sem Estado, nem Estado sem Governo.

O Governo, para ser governo, deve ser independente.

Os governantes, contudo, passam e o Estado permanece no tempo.

12 Soberania

12.1 Etimologia

R. Kranenburg entende que a palavra soberania vem do latim medieval *superanus* e *supremitas*[92], de super, acima; ou *super omnia*.

Léon Duguit e Sukiennick entendem que a palavra francesa *souveiraneté* tem natureza feudal de *superanus* e *supremitas*[93]. É a qualidade de supremo.

Em inglês se fala em *sovereignty*. Em alemão, *Hoheitsrecht, Souveränität*. Em italiano, *sovranità*. Em português e espanhol, soberania.

12.2 Conceito

No Direito Romano, o poder de soberania era a *suprema potestas*.

A palavra soberania pode ter vários significados: pode ser o caráter ou qualidade de soberano; o poder supremo; um conjunto de poderes que dizem respeito à organização do Estado; o poder político que o Estado tem em relação a outros países dentro do seu território e em relação aos seus habitantes; extensão territorial sob a autoridade de um soberano.

---

92 KRANENBURG, R. *Teoría política*. México: Fondo de Cultura Econômica, 1941, p. 155.

93 DUGUIT, Léon. *Études de droit public*. Paris: Fontemoing, 1901, I, p. 337. Sukiennick, W. *La souveraineté des États en droit international moderne*. Paris: 1927, p. 5.

Jean Bodin considerou a soberania para efeito da definição do Estado, mencionando "o reto governo de várias famílias e do que lhes é comum, com poder soberano". É "o poder absoluto e perpétuo de uma República"[94].

No reinado de Luís XIV, a soberania era o poder da pessoa e exclusivo do monarca, em razão de que o rei era a encarnação de Deus na terra e, assim, a origem divina do poder do Estado.

Rousseau afirma que a soberania é inalienável, ilimitada, ilimitável, indivisível, infalível, absoluta, total e inconstrangível. É indivisível, pois ou é a vontade geral, ou não é. Se a vontade não é geral, é particular e não pode obrigar a todos. É infalível, pois encerra a vontade geral a verdade em si mesma. Absoluta, pois o corpo social não pode se subordinar a vontade particular. A vontade geral é também sagrada e inviolável. Seria uma soberania em que o titular é o povo (soberania popular). Dentro do Estado, o indivíduo tem uma parcela do poder, da soberania, recuperando a liberdade perdida em razão do contrato social. A vontade geral é a lei. O órgão que elabora a lei, o poder legislativo, é o soberano. A vontade geral é a manifestação da soberania. A soberania consiste essencialmente na vontade geral (III, cap. XV). O poder supremo pertence à Nação.

Esmein afirma que o governo exerce a soberania no interesse de todos os membros da Nação[95]. A soberania é estabelecida no interesse de todos, deve ser regrada pelos interesses, pela vontade geral. Nesse sentido, Esmein se aproxima de Rousseau.

A Declaração de Direitos do Homem e do Cidadão de 1789 dispôs que o princípio de toda soberania reside essencialmente na Nação. Nenhum corpo, nenhum indivíduo pode exercer autoridade que não emane expressamente da Nação (art. 3º).

A partir da Revolução Francesa a soberania passa a ser um poder político e jurídico, que é emanado da vontade geral do povo. Caminha para a ideia de soberania popular.

Sieyès atribui a soberania à Nação. Seria a soberania nacional[96].

Na Declaração de Independência de 1776 dos Estados Unidos, é afirmada a soberania permanente e atuante: "sempre que qualquer governo tenda a contrariar os fins que ditaram a sua formação, assiste ao povo o direito de mudá-lo, ou aboli-lo, instituindo outro cujos princípios básicos e organização de poderes obedeçam

---

94 BODIN, Jean. *Os seis livros da República*. Cap. VIII.

95 ESMEIN, Adhémar. *Éléments de Droit Constitutionnel*. Paris: Librairie de Societé de Recueil Général, 1806, I, p. 291.

96 SIEYÈS, Emannuel Joseph. *A constituinte burguesa*. Rio de Janeiro: Freitas Bastos, 2009.

às normas que, no consenso geral, parecerem mais próprias à efetivação dos ideais de segurança e felicidade sociais".

No século XIX, a soberania é a expressão do poder político.

Jellinek qualifica a soberania como nota essencial do poder do Estado. O Estado medieval não tinha essa qualidade[97].

Léon Duguit entende a soberania como um fato do poder. Seria como um serviço público.

Assinala Julien Laferrière que a soberania é "um poder supremo, uma *summa potestas*, no sentido não somente relativo e comparativo, mas superlativo e absoluto"[98].

Kelsen leciona que a soberania é a expressão da unidade de uma ordem jurídica. Sua concepção é normativista. O Estado, para Kelsen, é um sistema de normas jurídicas, confundindo o Direito e o Estado. Uma ordem jurídica seria a dos Estados-membros, outra da União e a terceira, que englobaria as demais, seria a ordem constitucional.

Le Fur entende que soberania é "a qualidade do Estado de não ser obrigado ou determinado senão pela sua própria vontade, nos limites do princípio supremo do Direito e conforme ao fim coletivo que está chamado a realizar".

Machado Pauperio afirma que a soberania é "a qualidade do poder supremo do Estado de não ser obrigado ou determinado senão pela sua própria vontade, dentro da esfera de sua competência e dos limites superiores do Direito"[99].

Soberania é o poder do Estado de "organizar-se juridicamente e de fazer valer dentro de seu território a universalidade de suas decisões nos limites dos fins éticos de convivência"[100]. Reale entende que a soberania é uma qualidade essencial do Estado.

A soberania do Estado não reconhece poder igual, superior ou concorrente na ordem interna, nem poder superior na ordem internacional.

12.3 Distinção

Soberania não se confunde com autonomia. Autonomia vem do grego *auto*, própria; *nomos*, normas. Estabelecer normas próprias.

---

97 JELLINEK, Georg. *Teoria general del Estado*. Buenos Aires: Albatros, 1954, p. 365.

98 LAFERRIÈRE, Julien. *Manuel de droit constitutionnel*. Paris: Domat, 1947, p. 358.

99 PAUPERIO, A. Machado. *O conceito polêmico de soberania e sua revisão contemporânea*. Rio de Janeiro: Freitas Bastos, 1949, p. 155.

100 REALE, Miguel. *Teoria do direito e do Estado*. 2. ed. São Paulo: Martins, 1960, p. 127.

União, Estados, Distrito Federal e Municípios são autônomos, nos termos da Constituição (art. 18 da Lei Maior). Os Estados e Municípios podem se organizar por leis próprias, mas observando a Constituição da República.

A soberania não importa poder igual ou superior, daí ser una e indivisível.

12.4 Espécies

A soberania pode ser interna ou externa.

A soberania interna é a referência à observância da Constituição e das leis do Estado dentro do seu território.

A soberania externa significa que nas relações entre os Estados não existe subordinação entre eles ou dependência, mas igualdade.

Soberania plena é a exercida amplamente pelo Estado, sem qualquer limitação.

Soberania limitada ocorre quando um país tem limitações na sua soberania. É o que ocorre com as colônias britânicas e francesas.

Soberania territorial é a que se observa dentro do território do Estado.

Soberania extraterritorial é a que se aplica fora do território do Estado, no seu interesse ou dos seus cidadãos. Geralmente, ocorre por exceção.

Soberania de fato é a da opinião pública como força política primordial. Soberania legal é a que está fora da nação. É uma forma de exercer o seu poder de uma maneira imperfeita, irregular ou revolucionária (Esmein, *Éléments de Droit Constitutionnel*).

Estado soberano é o que tem plena autonomia política, administrativa, jurídica, legislativa, econômica, assim como na relação com outros Estados.

O Estado semissoberano não tem plena autonomia ou liberdade na sua capacidade política e depende de outro Estado.

12.5 Fontes do poder soberano

12.5.1 Teoria da soberania absoluta do rei

A primeira teoria afirma que soberania seria um direito divino, sobrenatural. O poder vem de Deus e fica concentrado na pessoa do soberano. O rei era o representante de Deus na Terra. São Paulo já dizia que todo poder vem de Deus (*ominis potestas a Deo*). Deus concede o poder ao príncipe. A soberania vem de Deus.

Jean Bodin, nos Seis Livros da República (1576), mostra que a soberania do rei é originária, ilimitada, absoluta, perpétua e irresponsável em relação a qualquer outro poder temporal ou espiritual. O rei era o próprio Estado. Era o soberano e a lei. Define a soberania como o poder absoluto e perpétuo de uma República, palavra que se usa tanto em relação aos particulares quanto em relação aos que manipulam todos os negócios de estado de uma República. Sendo absoluta a soberania, não haveria limitação nem tempo certo de vigência. O poder soberano só deixa de existir quando se extingue o Estado.

Jacques-Bénigne Bossuet (1627-1704) foi tutor do filho de Luís XIV. Assevera que Deus delega aos reis a sua autoridade. Assim, "o rei da França é verdadeiramente o representante de Deus sobre a terra; sua autoridade é, pois absoluta; e ele não presta conta senão a Deus, que lhe ordena então governar para o bem de seus povos e não para seu orgulho"[101].

Só a Deus o soberano deve prestar contas do seu modo de governar.

O monarca não estaria subordinado nem mesmo ao Papa.

"O rei não recebeu de ninguém o seu Reino, senão de Deus e da sua espada."

Luís XIV adotou na prática a referida teoria, pois "está em Deus, e não no povo, a fonte de todo o poder, e somente a Deus é que os reis têm de dar contas do poder que lhes foi confiado".

A centralização do poder no rei ou a teoria do divino sobrenatural também é observada no discurso de Luís XV em resposta ao Parlamento em 3 de março de 1771: "É somente na minha pessoa que reside o poder soberano. A unidade do meu povo só de mim depende; os direitos e os interesses da nação estão necessariamente unidos aos meus e não repousam senão entre minhas mãos (...), é somente de mim que os meus tribunais recebem a sua existência e a sua autoridade; a plenitude desta autoridade, que eles não exercem senão em meu nome, permanece sempre em mim, e o seu uso nunca pode ser contra mim voltado; é unicamente a mim que pertence o poder legislativo, sem dependência e sem partilha; é somente por minha autoridade que os funcionários dos meus tribunais procedem, não à formação, mas ao registro, à publicação, à execução da lei, e que lhes é permitido advertir-me o que é do dever de todos os úteis conselheiros; toda a ordem pública emana de mim,

101 BOSSUET, Jacques-Bénigne. *Politique tirée de l'escriture sainte*. Paris: Dalloz, 2003.

e os direitos e interesses da nação, de que se pretende ousar fazer um corpo separado do monarca, estão necessariamente inteiramente nas minhas mãos".

Santo Tomás de Aquino entende que o poder político vem de Deus, que criou todas as coisas. A Escritura diz que é por mim que os reis reinam e os legisladores fazem leis justas[102].

12.5.2 Teoria do direito divino providencial

A teoria do direito divino providencial é defendida por Joseph Marie de Maistre e Louis Gabriel-Ambroise de Bonald.

De Maistre prega a restauração do poder de Deus, do papa e do rei. O Estado é uma obra divina, mas por meio da graça da providência de Deus. Deus dirige providencialmente a história, surgindo dessa direção dos acontecimentos e dos homens o Estado[103].

Deus não intervém diretamente para indicar a pessoa que vai exercer o poder, mas apenas indiretamente, em razão da direção providencial dos acontecimentos humanos.

12.5.3 Teoria da soberania popular

A teoria da soberania popular assevera que a soberania é proveniente da vontade do povo. O rei não recebeu nenhum poder de Deus. A soberania é proveniente da vontade popular.

Na primeira fase da teoria, o titular da soberania é o próprio povo.

Philippe Pot, em 1484, marca em discurso a transposição da soberania do rei para o povo.

Falava-se que a realeza era um encargo e não uma herança.

Renard disse que "a Coroa não pertence ao rei; o rei é que pertence à Coroa; a Coroa é um princípio, é uma tradição, de que o rei é depositário, não o proprietário - um serviço de interesse nacional de que ele é o devedor"[104]. A Nação, na verdade, é a única fonte do poder de soberania. O governo só exerce a soberania se houver o consentimento do povo.

Na segunda fase, a titularidade da soberania é atribuída à Nação, o que se observa na Revolução Francesa.

---

[102] AQUINO, Santo Tomás de. *Suma teológica*. 1ª parte da 2ª parte, questão 96ª, art. 4.

[103] MAISTRE, Joseph. *Du pape*. Paris: Garnier, s.d., p. 305.

[104] RENARD, Georges. *Le droit, l'ordre et la raison*. Paris: Sirey, 1927, p. 411.

Na terceira fase, a soberania é do Estado, que se observa na segunda metade do século XIX.

Por ser um direito, a soberania só pode ser de uma pessoa jurídica, do Estado. Não pode pertencer ao povo, pois este não tem personalidade jurídica. O povo participa do Estado. É um elemento formador da vontade do Estado. Mortati afirma que se determinada ordenação adquire positividade, impondo seu poder aos destinatários, se torna estável, adquirindo caráter permanente. Daí se pode dizer que existe poder soberano[105].

12.5.4 Teoria da soberania nacional

A teoria da soberania nacional tem fundamento no liberalismo e é inspirada na Revolução Francesa.

É também chamada de doutrina da escola clássica, sendo defendida pelos franceses. A soberania tem fundamento na Nação. A Nação se identifica com o Estado.

Rousseau assevera que o contrato social gera o corpo político, chamado Estado quando passivo, Soberano quando ativo, e Poder quando comparado com os semelhantes[106]. A soberania é inalienável, por ser o exercício da vontade geral, não podendo esta se alienar e nem mesmo ser representada por quem quer que seja (Livro II, Capítulo I). É indivisível, porque a vontade só é geral se houver a participação do todo (Capítulo II). "Habitar o território é submeter-se à soberania". A soberania pertence ao povo e se legitima em razão da sua conformidade com a vontade geral.

12.5.5 Teoria da soberania do Estado

As escolas alemã e de Viena entendem que a soberania é proveniente do Estado, que é uma entidade jurídica dotada de vontade própria.

Jellinek entende que a soberania é a capacidade de autodeterminação do Estado por direito próprio e exclusivo.

Jhering afirma que a soberania é a qualidade do poder do Estado, que compreende a qualidade do Estado perfeito. O Estado nasce antes do Direito. Só existe o direito estatal. O Estado é a única fonte de Direito.

Leciona Kelsen que "todo direito objetivo é a vontade do Estado". "É a expressão dessa vontade."

---

105 MORTATI, Constantino. *Istituzioni di diritto pubblico*. Pádua: Cedam, 1955, p. 64.

106 ROUSSEAU, Jean-Jacques. *O contrato social*, Livro I, Capítulo VI.

"Não há direito, senão aquele que está ligado ao sistema de coerção instituído pelo Estado.

Todas as fontes de direito se reduzem à lei, isto é, à vontade do Estado: o próprio 'costume' tem sua força obrigatória decorrente da lei. Todo direito é direito estatal"[107].

Só existe a validez objetiva da norma jurídica, dotada de uma sanção estatal. Direito e Estado se identificam.

Todo o Estado é o Direito (Direito Positivo). O Direito é o Estado. Todo Estado é Estado de Direito[108]. O Direito é apenas o emanado ou o permitido pelo Estado. Entende que a expressão *Estado de Direito* representa pleonasmo[109]. Na verdade, a lei estatal é apenas uma parte do Direito e não o Direito em si.

O Estado é realmente Estado de Direito, pois do contrário não seria possível regular a vida humana em sociedade, o que é feito pelo Direito, por intermédio do Estado. São estabelecidas as regras de conduta pelo Estado, as regras de Direito. O aparato estatal compele o povo a obedecer às normas estatais, por meio da sanção.

A soberania, segundo Kelsen, é um poder de direito e todo direito provém do Estado. A conclusão é de que a soberania é ilimitada e absoluta. Toda forma de coação estatal é legítima, porque tende a realizar o Direito com expressão da vontade soberana do Estado.

12.5.6 Teoria negativista da soberania

A teoria negativista da soberania é desenvolvida por Léon Duguit. O Direito é encontrado na realidade social[110]. A soberania não existe. O que existe é uma crença na soberania[111]. Seria uma ideia abstrata. Estado, nação, direito e governo são uma só e única realidade. A soberania seria mera noção de serviço público.

Entender que não existe soberania seria afirmar o reino da força (Esmein).

12.5.7 Teoria realista ou institucionalista

A soberania é originária da Nação, mas o exercício dela é do Estado.

---

107 KELSEN, Hans. *Problemas fundamentais de direito público*, 1911, p. 40 e s.

108 KELSEN, Hans. *Teoria pura do direito.* São Paulo: Martins Fontes, 1997, p. 346.

109 Idem, p. 346.

110 DUGUIT, Léon. *Traité de droit constitutionnel*. 3. ed. Paris: Fontemoing, 1927, v. II, p. 1-2.

111 DUGUIT, Léon. *Leçons de droit public general*. Paris, 1926, p. 134 e 136.

Machado Pauperio afirma que a "soberania não é propriamente um poder, mas, sim, a qualidade desse poder; a qualidade de supremacia que, em determinada esfera, cabe a qualquer poder"[112].

Seria a soberania um atributo do Estado.

A soberania é concretizada no Estado, que a exerce em seu nome e no interesse da Nação.

O Estado seria antes uma instituição do que um organismo, pois enquanto o organismo está preso à ordem da matéria, a instituição está ligada à ordem do espírito. Afirma Renard que "as leis do organismo não comandam os órgãos; determinam seus movimentos"[113]. A definição de Renard de que instituição é "um organismo, que tem fins de vida e meios de ação superiores em poder e em duração aos dos indivíduos que o compõem" permite incluir o Estado nessa categoria.

O Estado, segundo Jefferson, existe para servir ao povo e não o povo para servir o Estado.

12.5.8 Teoria da soberania alienável

A teoria da soberania alienável era usada do final da Idade Média até a Revolução Francesa.

A soberania originária tem fundamento na multidão, no conjunto de todos os indivíduos. As pessoas são iguais e não há razão para que a soberania pertença a uma ou a outra pessoa.

O povo perde a soberania para as dinastias e estas a adquirem.

Essa teoria é uma forma de contemporização para a manutenção das monarquias e as doutrinas democráticas[114].

Ela é justificada pelos autores que defendem os governos absolutos de certas dinastias, como Hobbes.

12.5.9 Teoria da soberania inalienável

Jean-Jacques Rousseau entende que a soberania pertence ao povo e é, por natureza, inalienável, tanto em relação à propriedade como quanto ao seu exercício. O governo direto é o ideal.

---

112 PAUPERIO, A. Machado. *O conceito polêmico de soberania*. 2. ed. Rio de Janeiro: Forense, 1958.

113 RENARD, Georges. *Le droit, l'ordre et la raison*. Paris: Sirey, 1927, p. 398.

114 VILLENEUVE, Marcel de la Bigne de. *Traité de general de l'État*. Paris: Sirey, 1929, p. 300.

Essa teoria foi acolhida pela Revolução Francesa de 1789. É a substituição do rei pelo povo como titular da soberania.

12.5.10 Doutrina da escola moderna

A doutrina da escola moderna entende que a soberania é embasada no povo ou nos cidadãos que pensam e decidem pelo Estado. Ela é politicamente exercida pelo povo.

Miguel Reale retrata essa teoria dizendo que "o povo, fonte primeira do poder, é o titular da soberania de um ponto de vista geral, pois exerce a soberania dentro ou fora dos quadros do Direito objetivo; mas, enquanto o povo se contém em um sistema positivo de Direito, ou seja, enquanto é elemento do Estado, exerce a soberania como corpo social juridicamente organizado, o que quer dizer que a soberania é do Estado, o qual exerce a soberania na forma do Direito vigente.

Desde o instante em que a soberania como força social é delimitada pela opção que o povo faz por esta ou aquela forma de Estado, a soberania passa a ser direito do Estado, ou seja, do povo juridicamente organizado, adquirindo características especificamente jurídicas"[115].

12.6 Características

Consiste a soberania num poder incondicionado, não estando sujeita a condições.

Tem a soberania característica de poder absoluto, que não tem qualquer limite, já que seus contornos são traçados pelo próprio Estado, na sua Constituição. No domínio do seu território, o Estado não está sujeito a nenhum outro poder.

A soberania é originária, porque não é derivada de qualquer outro poder, nascendo com o próprio Estado.

Tem característica de exclusividade a soberania, pois só o Estado o possui e pode exercê-la[116].

É una a soberania, porque não se admite que um mesmo Estado tenha duas soberanias, sendo um poder superior aos demais, não admitindo a convivência de dois poderes iguais no mesmo âmbito. Não pode existir num território mais de uma soberania.

---

115 REALE, Miguel. *Teoria do Direito e do Estado*. 5. ed. São Paulo: Saraiva, 2000, p. 159.

116 ZANZUCCHI, Marco Tullio. *Istituzioni di diritto publico*. Milão: Giuffrè, 1948, p. 21.

Um estrangeiro comete um crime no Brasil. Deverá responder de acordo com as leis penais brasileiras. Sob o ponto de vista de direitos sucessórios dessa pessoa, a lei a ser observada é a lei do Estado da sua nacionalidade.

É indivisível, visto que não admite a separação das partes autônomas da mesma soberania[117]. Admite a divisão de atribuições ou de competências.

É inalienável a soberania. Não é transferida a outra pessoa. Existe uma vontade própria da entidade coletiva, que é constituída pelo somatório das vontades individuais. Os representantes eleitos vão exercer o poder de acordo com a vontade do povo.

É imprescritível, pois não tem prazo certo de duração. Não pode sofrer limitação no tempo. Não se admite soberania temporária.

O Estado soberano pode autodeterminar-se ou autogovernar-se, autolimitar-se, isto é, estabelecendo seu ordenamento jurídico, sendo, contudo, autônomo para decidir sobre tal ordenamento jurídico[118]. Tem, pois, o Estado um poder superior aos demais.

A soberania tem limitações necessárias e naturais, que decorrem da própria natureza das coisas[119]. Deve o Estado observar limites, como os direitos das pessoas. Não exerce, o Estado, o seu poder de forma ilimitada, sem respeitar direitos. Do contrário, seria um Estado arbitrário, totalitário.

Os limites da soberania do Estado estão na sua Constituição e no seu ordenamento jurídico.

A Constituição da Suíça reconhece que os Cantões são soberanos (art. 1º). "Os Cantões são soberanos tanto quanto sua soberania não esteja limitada pela Constituição, e como tais exercem todos os direitos que não estão delegados ao Governo federal" (art. 3º). Essa última parte mostra as esferas de competência de cada ente federal.

Duguit afirma que a soberania é uma vontade[120]. Entretanto, a vontade é inerente à pessoa. A pessoa é que tem vontade. O Estado não tem vontade.

O Estado tem um só povo, um território, uma única soberania e um governo, que exerce a soberania interna e internacional.

---

[117] DALLARI, Dalmo de Abreu. *Elementos de teoria geral do Estado*. 33. ed. São Paulo: Saraiva, 2016, p. 86.

[118] MORAES, Bernardo Ribeiro de. *Compêndio de direito tributário*. Rio de Janeiro: Forense, 1984, p. 118-119.

[119] LE FUR, Louis. *État federal*. Paris: Sirey, 1940, p. 449 e s.; VILLENEUVE, Marcel de la Bigne de. *Traité general de l'État*. Paris: Sirey, 1929, v. I, p. 494 e s.

[120] DUGUIT, Léon. *Souveraineté et liberte*. Paris: Alcan, 1922, p. 70 e 75.

A soberania também tem sido entendida como independência, no sentido de que o Estado faz prevalecer sua vontade dentro do seu território. É a frase de Beaumanoir que cada barão é soberano no seu baronato (*chacun des barons est souverain dans sa baronnie*)[121].

O poder é a expressão da soberania.

A soberania é um poder, pois o Estado o detém e o exerce sobre as pessoas do seu território. É também um direito. Um direito do Estado, exercido dentro do seu território sobre o seu povo.

O Estado é o titular da soberania. Ele é soberano. Não é possível separar a soberania do Estado.

Compreende a soberania aspectos sociológicos, jurídicos e políticos. O aspecto jurídico diz respeito ao estabelecimento de normas para estabelecer seus limites. O aspecto político é quem vai exercê-la.

A soberania é um dos fundamentos da República Federativa do Brasil (art. 1º, I, da Constituição). O Brasil é representado pela união indissolúvel dos Estados, Distrito Federal e Municípios (art. 1º, *caput*, da Lei Maior).

A soberania popular será exercida pelo sufrágio universal e pelo voto direto e secreto, com valor igual para todos (art. 14 da Lei Maior).

A ordem econômica, fundada na valorização do trabalho humano e na livre iniciativa, tem por fim assegurar a todos existência digna, conforme os ditames da justiça social, observada a soberania nacional (art. 170, I, da Constituição).

---

[121] BEAUMANOIR, Philippe. *La coutume de Beauvoisis*. Bejgnot, 1842, cap. XXXIV, § 41, II, p. 22.

13

O Poder do Estado

A palavra poder vem do latim arcaico *potis*, *esse*, contraída em posse, tendo como consequência *potere*. Em inglês usa-se a palavra *power*. Em francês, *pouvoir*. Em italiano, potere. Em alemão, *können*.

Poder é a imposição da vontade por uma pessoa em relação a outra.

Jacques Maritain distingue o poder da autoridade. "Poder é a força por meio da qual se pode obrigar a outros a obedecer. Autoridade é o direito de dirigir e mandar, de ser escutado sem egoísmos, mas o que condiciona o bem e o progresso de todos, sem autoridade, é tirania"[122].

Georges Burdeau afirma que o Estado é a institucionalização do poder[123]. É um poder abstrato. Assevera o mestre que "em sua profunda essência, é o poder a encarnação dessa ideia, que representa, no grupo, a ordem social desejável. É uma força nascida da consciência coletiva e destinada a assegurar a perenidade do grupo, a conduzi-lo na procura do que é considerado útil e hábil a impor aos membros a atitude que comanda esta procura. Esta definição evidencia os dois elementos do poder: uma força e uma ideia"[124].

Não existe Estado que não tenha poder. Se não tem poder, não é Estado, não governa. O poder é essencial ao Estado.

---

122 MARITAIN, Jacques. *El hombre y el Estado*. Buenos Aires, 1952, p. 148.

123 BURDEAU, Georges. *L'état*. Paris: Seuil, 1970, p. 21.

124 Idem, p. 30.

O Estado é o poder. Pressupõe a existência de poder. Por ser poder, obriga as pessoas que estão no seu território.

A questão essencial ao poder é a dominação.

As sociedades que não têm um poder dominante não têm *imperium*.

O poder dominante é originário e irresistível.

É originário o poder do Estado, porque dele emanam as normas de conduta estabelecidas pelo Estado. O poder é inerente ao Estado e dele derivam os demais poderes. O Estado determina o que fazer e estabelece uma coação, caso não seja cumprida a sua ordem.

É irresistível porque as pessoas não podem deixar de observar o poder dominante. Uma pessoa, ao renunciar à cidadania, deixa de observar o poder de um Estado e passa a observar o poder de outro Estado.

Para Jellinek, o poder do Estado está contido no conceito de ordem jurídica. O poder dominante teria o caráter de poder jurídico[125].

A coexistência dos homens é submetida a certa regulação. O Estado teria uma concepção natural e causal.

Montesquieu dizia que o poder limita o poder.

Kelsen entende que o poder do Estado é jurídico, pois nasce do direito e é exercido para a consecução de fins jurídicos. O poder de império do Estado submete a conduta das pessoas a um dever jurídico. O poder do Estado é juridicamente qualificado. O poder coativo do Estado é de estabelecer normas estatais, determinando comportamentos e estabelecendo a sanção pelo descumprimento da regra de conduta. O poder de dominação irresistível tem sentido estritamente jurídico. A determinação estatal é uma ordem suprema, que não sofre qualquer limitação. Kelsen parte de uma norma estatal hipotética, mas que não foi posta por ninguém[126].

Não se pode, portanto, admitir que o poder do Estado é estritamente jurídico ou estritamente político. Uma organização criminosa tem o seu direito, mas ele não é oriundo do Estado. Na verdade, não há poder que não seja jurídico ou que tenha qualificação jurídica. Existem vários graus de juridicidade[127]. A juridicidade vai de um grau mínimo, que é um meio para atingir certos fins, até um grau máximo, que é a força empregada exclusivamente para realizar o direito e de acordo com as

---

125 JELLINEK, Georg. *Teoria general del Estado*. Buenos Aires, Albatros, 1954, p. 320-324.

126 KELSEN, Hans. *Teoria general del Estado*. México: Nacional, 1959, p. 36-42.

127 PICARD, Edmond. *O direito puro*. Barcelona: Ibero-americana, 1942, p. 139 e s.

normas jurídicas[128]. Mesmo assim, ele continuará a ser um poder político para a realização de objetivos não jurídicos.

A Declaração dos Direitos do Homem e do Cidadão de 1789 menciona que "nenhum indivíduo ou grupo de indivíduos poderá exercer qualquer autoridade que não emane diretamente da nação" (art. 3º).

A Constituição francesa de 1791 previa que "a Nação, de onde exclusivamente emanam todos os poderes, não os pode exercer senão por delegação. A Constituição francesa é representativa: os representantes são o corpo legislativo e o rei" (art. 2º do preâmbulo do título III).

A Constituição de Weimar, de 11 de agosto de 1919, previa que "A Alemanha é uma República. Todo poder emana do povo" (art. 1º).

A anterior Constituição da Espanha dispunha que "a Espanha é uma república democrática de trabalhadores de todas as classes, organizada em regime de Liberdade e de Justiça. Os poderes de todos os seus órgãos emanam do povo" (art. 1º).

Dispunha a Constituição de 1934 que "Todos os poderes emanam do povo e em nome dele são exercidos" (art. 2º). Esse texto tem inspiração na Constituição de Weimar de 1919. Pontes de Miranda leciona que "nem a fórmula espanhola nem a brasileira traduzem bem a alemã. O que o art. 1º, segunda alínea, da Constituição de Weimar, quis dizer foi que a soberania está no povo, isto é, qualquer que seja o poder estatal, inclusive o de constituição e emenda ou revisão da Constituição, está no povo"[129].

Determinava a Constituição de 1937 que "o poder político emana do povo e é exercido em nome dele e no interesse do seu bem-estar, da sua honra, da sua independência e da sua prosperidade" (art. 1º). Pontes de Miranda dizia que a expressão poder político é uma tentativa de tradução da palavra alemã *Staatsgewalt*, tendo de ser entendida como poder estatal.

Prescrevia a Constituição de 1946 que "Todo poder emana do povo e em seu nome será exercido" (art. 1º).

Todo o poder emana do povo e em seu nome é exercido (§ 1º do art. 1º da Constituição de 1967). A mesma redação estava na redação da Emenda Constitucional n. 1/69 (§ 1º do art. 1º).

---

128 REALE, Miguel. *Teoria do direito e do Estado*. São Paulo: Martins, 1962, p. 77, 106 e 107.

129 PONTES DE MIRANDA, Francisco Cavalcante. *Comentários à Constituição*, p. 218.

Todo o poder emana do povo, que o exerce por meio de representantes eleitos, ou diretamente, nos termos da Constituição (parágrafo único do art. 1º da Constituição).

14 Fundamentos do Estado

O Estado tem vários fundamentos, como religiosos, jurídicos, éticos, psicológicos etc.

14.1 Teoria religiosa

Ensina a teoria religiosa ou teleológica que o Estado tem fundamento em Deus ou na providência divina. O rei era a encarnação de Deus na Terra.

Deus, por ser a origem de todas as coisas, teria criado a sociedade política.

Essa teoria é desenvolvida tanto nos locais em que se adotam a doutrina cristã como em Estados que não a adotam.

Santo Agostinho afirmou que "não atribuamos senão a Deus verdadeiro o poder de dar o reino e o império"[130]. Ele considerava a origem divina do poder. A Igreja, porém, deveria respeitar o poder do Estado.

14.2 Teoria da força

Para a teoria da força, o Estado é o domínio dos fortes sobre os fracos.

Havia um rito religioso de povos que sacrificavam os guerreiros derrotados.

Depois se falava em os vencidos serem escravizados pelos vencedores e obrigados a trabalhar para eles.

---

130 SANTO AGOSTINHO. *A cidade de Deus*, I, 5.21.

Haveria uma lei natural de impor a submissão dos fracos aos fortes.

Hobbes entendia que o Estado era o guardião da ordem, para evitar a guerra de todos contra todos, mas não pensava que deveria ser usada a força como fonte geradora da autoridade.

Mesmo em Maquiavel não se verificava o Estado impondo aos seus súditos o poder pela força bruta. A ideia dele era a unificação italiana e o seu espírito nacionalista.

Gumplowicz entende que o Estado é um fenômeno social, produto de ações naturais, em que "a subjugação de um grupo social por outro grupo e o estabelecimento, pelo primeiro, de uma organização que lhe permite dominar o outro"[131].

Lester Ward declara que o Estado nasce com a conquista de um grupo pelo outro e com o progresso que constitui a escravização e não mais a destruição do vencido pelo vencedor. Seria os frutos dos interesses econômicos do vencedor e de resignação do vencido[132].

Oppenheimer diz que "o Estado é, inteiramente quanto à sua origem e quase inteiramente quanto à sua natureza durante os primeiros estágios de existência, uma organização social imposta por um grupo vencedor e um grupo vencido, organização cujo único objetivo é regular a dominação do primeiro sobre o segundo, defendendo sua autoridade contra as revoltas internas e os ataques externos". "E esta dominação não teve jamais outro fim senão o da exploração econômica do vencido pelo vencedor. Nenhum Estado primitivo, em toda a história universal, teve origem diversa"[133].

Cornejo expende os argumentos de que "a sobrevivência ideal do companheiro dá origem ao mito: a sobrevivência real do inimigo dá origem à organização política"[134].

Engels, nesta passagem, mostra a ideia da teoria da força, no sentido de que "o Estado é a classe dominante economicamente mais poderosa, que por seu intermédio se converte também em classe politicamente mais forte e adquire novos meios para submeter e explorar a classe oprimida"[135].

---

131 GUMPLOWICZ, Louis. *Précis de sociologie*. Paris: Chailley, 1896, p. 192.

132 WARD, Lestr. *Sociologie pure*. Paris; Giard et Brière, 1906, I, p. 58.

133 OPPENHEIMER, Franz. *L'État*. Paris: Sirey, 1907, p. 6.

134 CORNEJO, M. H. *Sociologie générale*. Paris: Giard et Brière, 1911, II, p. 439.

135 ENGELS, F. *Orígenes de la família, de la propriedad privada y del Estado*. Buenos Aires: 1924, p. 196.

14.3 Teoria jurídica

Compreende a teoria jurídica a proteção do Estado em relação à família, ao patrimônio da pessoa e contratual.

14.3.1 Teoria da família

Para a teoria da família, o Estado compreenderia a reunião de grupos familiares, sob as ordens do patriarca. O patriarca era o chefe da família e tinha todos os poderes sobre ela.

A família é, porém, uma célula da sociedade.

14.3.2 Teoria patrimonial

A teoria patrimonial mostra que o proprietário da terra é que tinha o domínio e o poder. Transmitia o poder com a transferência da propriedade.

Cícero dizia que o Estado existia para proteger a propriedade.

Rousseau entendia que houve a passagem do Estado de natureza para o Estado social a partir do surgimento da propriedade.

No feudalismo, o senhor feudal tinha um poder real sobre o seu território.

14.3.3 Teoria contratualista

A teoria contratualista é defendida, por exemplo, por Hobbes, Espinoza, Locke e Rousseau, no sentido de que haveria um contrato entre o indivíduo e o Estado.

As pessoas isoladamente não tinham proteção e não obtinham os fins sociais. Daí por que faziam um contrato com o Estado, que estabelecia a proteção das pessoas e pretendia a obtenção do bem comum. As pessoas elaboraram um pacto, que tinha por objetivo a convivência comum.

Hobbes entendia que o Estado era o Leviatã, um monstro bíblico indomável e invulnerável. Sob a proteção das asas desse monstro, estariam abrigadas todas as pessoas. Os pactos, porém, sem a espada seriam simples palavras. O rei seria o instrumento de concretização da paz. O monarca representa a paz, a ordem, a conservação da vida.

Espinoza afirma que os homens se viram forçados a pôr termo ao estado de natureza por meio de um contrato, como foi criado o Estado, abdicando dos seus direitos, menos o de pensar, de falar e de escrever.

Locke admite que o Estado seria justificado como obra do pacto social, visando ao amparo dos direitos das pessoas. As pessoas desejam criar esse órgão para fazer justiça e manter a paz. As cláusulas do contrato estabeleceriam os limites do direito subjetivo das pessoas. "Esta delegação de poder resulta da simples convenção para formar uma sociedade política, que constitui o único contrato necessário para que indivíduos entrem numa comunidade (Estado) ou criem um novo. Assim, o que dá nascimento a uma sociedade política, o que a institui efetivamente não é outra coisa senão o consentimento para isso de certo número de homens livres, prestes a aceitar o princípio majoritário, concordando em unir-se para formar um só corpo social. É isto e isto somente o que tem podido e poderá ainda dar origem a um governo legítimo"[136].

Rousseau entendia que o homem viveria num paraíso, desde que houvesse o respeito à igualdade e liberdade de cada um. As pessoas depositariam seus bens e suas liberdades nas mãos da vontade geral e, mesmo assim, não deixariam de ser livres como antes. A lei seria a expressão da vontade geral. A ideia de Rousseau era derrubar os poderes absolutos do monarca.

Só se pode falar, porém, que o povo faz um contrato com o Estado, se se falar em contrato de adesão, pois as pessoas reconhecem e desejam as vantagens de segurança, de saúde e de outras da organização política do Estado.

As pessoas, na verdade, não assinam um contrato com o Estado, porque não se manifestam expressamente em fazer um contrato com o Estado. Não existe um acordo de vontades com o Estado. O homem não fica tão livre como no estado de natureza, pois, do contrário, poderia fazer qualquer coisa, inclusive sair do Estado. O povo está sujeito às determinações do Estado por força da Constituição e das leis, mas não de um contrato. A relação não é de Direito Civil, mas de Direito Público.

14.4 Teoria ética

Indica a teoria ética que a vida fora do Estado não pode ser considerada válida. O Estado disciplina, por meio de regras jurídicas, a vida das pessoas.

14.5 Teoria psicológica

A teoria psicológica menciona que o fundamento do Estado está no impulso que leva os homens a se reunirem e viverem sob o império do Estado.

---

136 LOCKE, John. *The second treatise of civil governement*. Oxford, Blackwell, 1948, p. 50.

15
Fins do Estado

O fim do Estado é assegurar a vida humana em sociedade, pelo fato de que o homem não vive isoladamente e necessita de normas que disciplinem comportamentos. Visa ao bem comum do povo. Tem por objetivo a prosperidade pública.

O Estado deve garantir a ordem interna, assegurar a soberania na ordem internacional, fazer as regras de conduta, distribuir justiça.

15.1 Fins objetivos

Fins objetivos são o papel do Estado no desenvolvimento da história. Fins universais objetivos são defendidos por Platão e Aristóteles, entre outros.

A teoria organicista negava, porém, a existência de finalidade objetiva, por entender que o Estado é um fim em si mesmo.

A teoria mecanicista negava a finalidade do Estado, dizendo que a vida social é uma sucessão de acontecimentos inelutáveis, que não podem ser direcionados para certo fim. Essas teorias confundem os fins com os interesses do Estado, ou até mesmo dos referidos governos.

15.2 Fins subjetivos

Nos fins subjetivos, há um encontro entre o Estado e os fins individuais de cada um. O Estado deve ser a síntese dos fins individuais.

Jellinek afirma que as instituições do Estado não são poderes cegos da natureza. Elas nascem e se transformam por influência da vontade humana e têm fins a atingir.

15.3 Fins expansivos

A teoria dos fins expansivos mostra um crescimento muito grande do Estado. É o fundamento dos Estados totalitários.

A teoria utilitária entende que a ideia fundamental é o máximo desenvolvimento material, mesmo que haja o sacrifício da liberdade e de direitos fundamentais das pessoas. Uma das ideias dessa teoria é o Estado do bem-estar.

A teoria ética rejeita o utilitarismo e pretende a supremacia dos fins éticos. Essa teoria acaba levando ao totalitarismo, pois o Estado seria a fonte da moral. Ele é o onipotente e onipresente, não tolerando comportamento que não esteja de acordo com a moral oficial.

15.4 Fins limitados

A teoria dos fins limitados mostra que o Estado deve ficar limitado aos seus fins principais, reduzindo ao mínimo necessário as suas atividades. O Estado deveria apenas proteger a segurança dos indivíduos em decorrência de atos internos ou externos. O Estado liberal, segundo John Locke, interviria apenas para proteger a liberdade individual.

A teoria do Estado de Direito, defendida pelos contratualistas Hobbes e Rousseau, entende que cada indivíduo é titular de direitos naturais. Ao permitir a criação do governo, as pessoas abriram mão de certos direitos, que ficam limitados pelo governo. A lei continua a ser o resultado da vontade do povo.

15.5 Fins relativos

A teoria dos fins relativos ou solidarista defende que os elementos da cultura geral de um povo têm fundamento nos indivíduos e na sociedade, e não no Estado. Há uma solidariedade entre os indivíduos. Quando essa solidariedade é externada é que entra na esfera das atividades essenciais do Estado.

Segundo Jellinek, não basta assegurar a igualdade de todos perante a lei. É preciso garantir a igualdade de todos os indivíduos nas condições iniciais da vida social[137].

---

[137] JELLINEK, Georg. *Teoria general del Estado*. Buenos Aires: Albatros, 1954, p. 144 e s.

15.6 Fins concorrentes

São fins exclusivos dos Estados os que importam na segurança externa e interna. O Estado tem um fim geral, que é o bem comum do povo no seu território, mas há também fins concorrentes, complementares ou integrativos, que não seriam fins essenciais ao Estado, mas atenderiam às peculiaridades de cada povo.

São objetivos fundamentais da República Federativa do Brasil, que é um Estado Democrático de Direito: (a) construir uma sociedade livre, justa e solidária; (b) garantir o desenvolvimento nacional; (c) erradicar a pobreza e a marginalização e reduzir as desigualdades sociais e regionais; (d) promover o bem de todos, sem preconceitos de origem, raça, sexo, cor, idade e quaisquer outras formas de discriminação (art. 3º da Constituição).

Os fins sociais ou não essenciais ao Estado são a assistência à família, à educação, à criança, ao adolescente, ao idoso e à previdência social.

O Estado é um meio para se atingir um fim: o bem comum do povo. Não é um fim. O Estado tem fins, mas não é um fim. "Não existem os homens para o Estado, mas o Estado é que existe para os homens". "É o Estado meio natural, de que pode e deve servir-se o homem, para consecução do seu fim, sendo o Estado para o homem e não o homem para o Estado". "O Estado não é fim do homem; sua missão é ajudar o homem a conseguir o seu fim"[138].

As funções do Estado são promover e manter a ordem, promover o bem-estar da sociedade, realizando o bem comum do povo, servindo à pessoa humana.

---

[138] NOGUEIRA, Ataliba. *O Estado é meio e não fim*. São Paulo: Saraiva, 1955, p. 21, 67, 150 e 154.

16 Personalidade Jurídica do Estado

É atribuída aos contratualistas a origem da consideração como pessoa jurídica, por meio da ideia de coletividade ou povo como unidade.

A escola francesa defende a teoria do Estado-nação. A Nação é uma pessoa. Nela está a personalidade do Estado. Há a transferência do centro ativo do rei para a Nação. Esta passa a ser sujeito jurídico dentro do Estado. Esmein menciona que o poder público e o governo somente existem no interesse de todos os membros constitutivos da nação, prevalecendo a vontade da maioria.

A escola alemã defende a teoria do Estado-órgão. O Estado é o detentor da soberania e não se confunde com o seu componente humano, ou seja, os indivíduos que o integram. Desempenha, o Estado, o papel do próprio agente jurídico e não a Nação. Gierke afirma que o órgão de uma pessoa coletiva é o indivíduo ou grupo, por intermédio do qual se expressa a sua vontade.

A teoria realista entende que o Estado tem existência real como Estado-pessoa jurídica, não se considerando que seja mera ficção. O Estado não pode ser considerado como organismo físico ou o organicismo biológico, em que se compara o Estado a uma pessoa de alta estatura para explicar sua personalidade.

A teoria do Estado-pessoa entende que ele tem direitos e obrigações com as pessoas e com outros Estados, por meio de ações próprias, que não se confundem com as ações individuais dos seus governantes.

No século XIX, Savigny, fundador da escola histórica, já fazia referência ao Estado como pessoa jurídica. A personalidade jurídica do Estado é considerada como ficção. São sujeitos de direito apenas os indivíduos dotados de consciência e de vontade[139].

Kelsen entende que o Estado é a personificação da ordem jurídica. Adota a teoria da ficção. O Direito pode atribuir ou não personalidade jurídica aos homens, o mesmo pode fazer em relação às comunidades que encontra diante de si. "As comunidades jurídicas carecem de personalidade jurídica, mas podem ser representadas como se fossem pessoas e tivessem personalidade"[140].

Léon Duguit nega a personalidade jurídica do Estado. Entende o Estado como uma relação de subordinação, entre os que mandam e são mandados ou como uma cooperação de serviços públicos organizados e dirigidos pelos governantes. Afirma que não se pode transformar uma pessoa, sendo inaceitável a teoria da personalidade jurídica do Estado[141]. "O Estado não é um pessoa jurídica nem soberana" [142]. O Estado "é simplesmente o indivíduo ou os indivíduos investidos, de fato, do poder, ou seja, os governantes".

Gerber adota a teoria que o Estado é um organismo moral, que existe por si mesmo e não como simples criação conceitual. É a teoria do órgão. O Estado é um organismo natural, organismo vivo, sujeito às leis naturais. Não seria um organismo físico, mas um organismo ideal, com uma personalidade coletiva de caráter real.

Gierke assevera que o Estado é uma pessoa, capaz de ter uma vontade própria e de externá-la. O Estado é um organismo. Por meio de órgãos próprios, faz valer a sua vontade. Esta é externada por meio das pessoas físicas que agem como órgãos do Estado.

Ensina Donati que o Estado é não só uma pessoa jurídica, mas algo a mais, pois se trata de uma pessoa real e autêntica, tornando-se perceptível por seus funcionários, com os quais se identifica em sua organização[143].

Para Laband, o Estado é um sujeito de direito, uma pessoa jurídica, que tem capacidade para participar de relações jurídicas. O Estado é uma unidade organizada, tendo vontade própria. Os direitos e deveres do Estado não se confundem com os direitos e deveres dos seus cidadãos.

---

139 SAVIGNY, Friedrich Carl von. *Traité de droit romain*. Paris: Firmin Ditot Frères, 1855.

140 KELSEN, Hans. *Teoría general del Estado*. México: Nacional, 1959, p. 87-94.

141 DUGUIT, Léon. *Traité de droit constitutionnel*. Paris: Boccard, 1923/1927.

142 DUGUIT, Léon. L'État, les gouvernants et les agents. *Études de droit puplic*. Paris: Fontemoing, 1903, p. 1-2.

143 DONATI, Donato. La persona reale dello Stato, *Rivista di Diritto Pubblico*, 1921.

Jellinek leciona que a personalidade jurídica do Estado é real e não fictícia. O Estado tem a capacidade criada por intermédio da vontade da ordem jurídica. "Se o Estado é uma unidade coletiva, uma associação, e esta unidade não é uma ficção, mas uma forma necessária de síntese de nossa consciência que, como todos os fatos desta, forma a base de nossas instituições, então tais unidades coletivas não são menos capazes de adquirir subjetividade jurídica que os indivíduos humanos"[144].

Gropalli entende que o processo em que o Estado é considerado pessoa jurídica é chamado de abstração. A abstração permite considerar elementos reais, concretos, existentes no Estado, sem ter de compará-lo com a pessoa física[145].

Seydel afirma que o Estado não pode ser considerado como entidade em si, pois apenas existem governantes e governados, em relações mútuas de comando e de obediência.

Tem, de fato, personalidade jurídica o Estado. As pessoas, se são mandatárias do Estado, atuam em nome dele e, portanto, exercem a sua vontade e não uma vontade individual.

O Estado tem personalidade jurídica de direito público.

Possui as seguintes características: *dinâmica*, com função social do bem-estar comum; *jurídica*, pois exerce a ordem jurídica; e *política*, em que são verificadas finalidades do governo, tendo fins políticos. Não é o Estado apenas a ordem normativa. Exerce direitos e tem obrigações. Logo, pode ser reconhecido como pessoa jurídica.

Na sociedade, há um permanente conflito de interesses entre os indivíduos. Somente o estabelecimento de regras de conduta, positivadas pelo Estado, pode resolver esses conflitos.

O Estado não é, porém, uma associação. As pessoas não criam um órgão com a finalidade de defender seus interesses. O Estado não tem essa característica, tanto que pode agradar ou desagradar os seus cidadãos. O objetivo do Estado não é defender os interesses de seus cidadãos, mas promover o bem comum. Malfeitores, que residam no território do Estado, não têm por objetivo o bem comum de todos, mas, quando muito, apenas dos integrantes da sua comunidade.

A vontade do Estado é a vontade dos seus governantes, que foram eleitos pelo povo.

O Estado deve verificar as necessidades do povo, diante das suas possibilidades em poder atendê-las.

---

[144] JELLINEK, Georg. *Teoría general del Estado*. Buenos Aires: Albatros, 1954, p. 125-128.

[145] GROPPALI, Alexandre. *Doutrina do Estado*. 2. ed. São Paulo: Saraiva, 1962, p. 148-154.

17 Nascimento e Extinção do Estado

17.1 Forma originária

O Estado pode nascer de forma originária, sem ser dependente de qualquer outro fator. Um grupo de pessoas se estabelece num certo território e organiza o governo.

Atenas e Roma foram Estados formados de maneira originária.

O Estado da Califórnia foi sendo formado a partir de muitas pessoas que para lá foram em busca de ouro. Foi feita uma assembleia constituinte em 1º de setembro de 1849 com o objetivo de deliberar sobre projeto da Constituição para o novo Estado.

17.2 Formas secundárias

O Estado pode nascer da união de Estados ou da divisão de Estados.

Na cisão de Estado, há a divisão em duas ou mais partes, passando cada uma delas a formar um novo Estado. É o que ocorreu com a divisão do Império Austro-Húngaro em 1918, que resultou em dois países distintos: Áustria e Hungria.

Fusão de Estados ocorreu com a Tchecoslováquia, entre 1918 e 1992, em que dois Estados deram origem a um só.

Pela divisão de uma parte da população e território de um Estado formando um novo.

Pela independência das Colônias, que se desligam da metrópole e formam um novo Estado.

17.2.1 Confederação

Surge a Confederação da união espontânea de países independentes. Geralmente era feita por razões militares ou de defesa.

Na Grécia antiga, foram feitas várias confederações.

Outros exemplos são a Confederação Germânica de 1815 a 1866; a Confederação da Alemanha do Norte, que foi criada pelo Tratado de Praga, de 1866 a 1871.

Os antigos cantões da Suíça se uniram e formaram a Confederação Helvética até 1848.

Os vários estados americanos independentes se uniram e formaram a Confederação dos Estados Unidos da América do Norte (1776-1787).

A Rússia, Ucrânia e Bielorrússia e outras nove repúblicas se uniram e formaram a extinta União das Repúblicas Socialistas Soviéticas (URSS).

17.2.2 Federação

A Federação é a união de várias províncias ou Estados formando apenas um Estado de direito público internacional. É o exemplo dos Estados Unidos, da República Federativa do Brasil, do México, da Argentina e da Venezuela.

17.2.3 União pessoal

Na união pessoal, dois ou mais países são governados pelo mesmo monarca. Geralmente, foi uma união casual, de natureza transitória, tendo durado pouco tempo.

São exemplos: da Lituânia e da Polônia, de 1386 a 1569; Espanha e Portugal, de 1580 a 1640, unificados por Filipe d'Áustria, I, em Portugal, II, em Espanha; os reinados de Carlos V sobre Espanha e Alemanha (1519-1556); de George IV, que reinou na Inglaterra e Hanover (1714-1837); da Holanda e Luxemburgo, de 1815 a 1890; de Augusto, que reinou na Polônia e Sarre.

17.2.4 União real

A união real ocorre entre dois ou mais países. São exemplos da Lituânia e da Polônia, de 1569 a 1772; da Áustria e da Hungria (1867-1918), sob o governo de Francisco José; da Suécia e da Noruega (1815-1905); da Dinamarca e da Islândia (1815 até o início da Segunda Guerra Mundial); da Itália e da Albânia, de 1939 a 1945.

A reunião da Inglaterra, Escócia e Irlanda, que formaram a Grã-Bretanha, é chamada de união incorporada, desde 1707.

Geralmente ocorre entre Estados vizinhos. Sua duração pode ser permanente ou transitória.

A partir da união, os Estados anteriores perdem a sua condição de Estado.

17.2.5 Divisão nacional

A divisão ocorre quando um Estado é dividido em dois ou mais países, formando uma nova organização política.

Podem ser exemplos a divisão da monarquia de Alexandre, da França do século IX; a separação dos chamados Países Baixos, Bélgica e Holanda, em 1830.

17.2.6 Divisão por sucessão

Certas monarquias medievais foram divididas pelo rei entre seus parentes ou sucessores, tornando-se reinos menores, mas autônomos.

17.3 Formas derivadas

Nas formas derivadas, o Estado é criado a partir de movimentos exteriores, como na colonização, na concessão dos direitos de soberania e em ato de governo.

17.3.1 Colonização

Os gregos foram povoando ao longo do Mediterrâneo, surgindo os Estados.

O Brasil foi colonizado pelos portugueses, a partir do seu descobrimento em 22 de abril de 1500.

Os espanhóis colonizaram quase todos os países da América do Sul, com exceção do Brasil e da Guiana francesa.

Os ingleses colonizaram os Estados Unidos e parte do Canadá.

17.3.2 Concessão dos direitos de soberania

Na Idade Média, os reis outorgavam direitos aos seus principados, ducados e condados.

17.3.3 Ato de governo

A criação do Estado é feita apenas pela vontade do conquistador ou de um monarca absoluto. O Estado foi criado para regular as relações entre vencedores e vencidos. A dominação teve por finalidade a exploração econômica do grupo vencido pelo vencedor[146].

Napoleão I criou diversos Estados, apenas em decorrência da sua vontade.

Geralmente, o Estado nasce a partir do momento em que ele passa a ter uma Constituição.

17.4 Transformação

17.4.1 Princípio das nacionalidades

O princípio das nacionalidades mostra que há perfeita coincidência entre a nação e o Estado. Cada agrupamento deve ter uma composição política dotada de autonomia. Essa ideia surge como a Revolução Francesa de 1789.

Mancini entende que as populações ligadas entre si por identidade de raça, de língua, de costumes e de tradições formam naturalmente a nação e devem ser reunidas em um Estado. Essa teoria foi usada por Garibaldi na unificação da Itália. Em 1871, Bismarck, ministro de Guilherme I, da Prússia, usou o referido princípio para unificar os Estados alemães.

O lado negativo da teoria pode ser representado pela anexação da Alsácia e Lorena e de Hanover à Alemanha, antes de Hitler; e pelo movimento dos eslavos na URSS, acelerado depois da Segunda Guerra Mundial.

17.4.2 Teoria das fronteiras naturais

A teoria das fronteiras naturais prega que o Estado é formado pelos acidentes geográficos, os quais fixariam os respectivos limites.

É atribuída a Napoleão a afirmação de que seria possível a paz na Europa quando cada nação estivesse devidamente integrada aos seus limites naturais.

Os Pirineus são a divisa natural entre a França e a Espanha.

A França considera o Reno a divisa natural. A Alemanha entende que os seus limites vão até os Vosges.

---

146 OPPENHEIMER, Franz. *The state*. Nova York, 1926, p. 6.

Na prática, pode não haver acordo sobre os limites naturais do Estado.

17.4.3 Teoria do equilíbrio internacional

A teoria do equilíbrio internacional tem fundamento na paz armada. Para a segurança nacional, é preciso debilitar os países vizinhos. É estabelecida por Richelieu. É o emprego da expressão "lobo não come lobo".

Essa teoria também foi chamada de teoria da paz armada.

Essa teoria foi usada no Tratado de Westpphalia, de 24 de outubro de 1648, pois Richelieu tinha preocupação em relação à Áustria; no tratado de Utrecht, de 11 de abril de 1713, em que se convencionou não ser possível a união das coroas da França e da Espanha.

17.4.4 Teoria do livre arbítrio

A teoria do livre arbítrio dos povos tem por fundamento a vontade nacional.

As populações interessadas estabelecem por expresso consentimento o Estado. O povo tem o direito de deliberar a respeito do seu próprio destino. É proveniente a teoria das ideias de Rousseau.

Essa teoria foi usada para a reconstrução da Polônia; do surgimento da Iugoslávia e da Tcheco-Eslováquia; quando a França incorporou a Alsácia e a Lorena.

A Carta do Atlântico, de 14 de agosto de 1941, celebrada entre os Estados Unidos e a Inglaterra afirma o princípio jurídico internacional da autodeterminação dos povos.

Conclui José Nicolau dos Santos que "a única que merece o apoio irrestrito do Direito é incontestavelmente esta: a do direito de autodeterminação dos povos. Ela não visa ao benefício e ao engrandecimento de certos Estados mais poderosos. Ela pretende apenas integrar um povo dentro dos seus destinos históricos"[147].

17.5 Extinção

A extinção do Estado pode ser decorrente de causas gerais ou de causas específicas, como conquista, emigração, expulsão, renúncia dos direitos de soberania.

A união ou divisão de Estado pode dar ensejo à formação de novos Estados.

---

[147] SANTOS, José Nicolau dos Santos. *Instituições de direito público e teoria geral do Estado*. Curitiba: Guaíra, 1950, p. 219.

Na conquista, um Estado é invadido por estrangeiros, formando um novo Estado. É o que ocorre com Estados desorganizados e fracos.

Na emigração, toda a população abandona o país, como ocorreu com os helvéticos na época de César.

Na expulsão, estrangeiros ocupam um Estado e forçam sua população a se mudar para outra região. Isso ocorreu na Europa na época das invasões bárbaras.

Na renúncia dos direitos de soberania, um ou mais Estados renunciam aos seus direitos e passam a integrar outro Estado. Isso ocorreu com vários feudos na Idade Média, que desapareceram e passaram a integrar a monarquia francesa de Luís XI. A Baviera, Wutenberg e o Grão-Ducado de Baden renunciaram a sua soberania e passaram a integrar o Império Alemão.

A revolução pode implicar o término de um Estado ou do seu ordenamento jurídico e estabelecimento de outro.

18 Formas de Estado

Forma de Estado é a organização interna da soberania.

Quanto ao elemento população, o Estado pode ser nacional, como o Brasil, ou plurinacional, como a Grã-Bretanha.

Levando em consideração o território, o Estado pode ser central, como o Paraguai, ou marítimo, como o Chile.

Estado perfeito é o que reúne os três elementos: população, território e governo. O governo exerce a soberania do Estado de forma irrestrita.

Estado imperfeito é o que um dos elementos não existe de forma plena. Geralmente é o elemento governo, no aspecto organização ou administração. São Estados imperfeitos os vassalos existentes na Idade Média.

Os Estados protegidos são criados no período do pós-guerra, geralmente por tratados. A República da Cracóvia, em 1815, estava sob o protetorado da Rússia, da Áustria e da Prússia, até ser incorporado pela Áustria em 1846. O Pacto da Sociedade das Nações, de 1919, criou certos protetorados, como a Síria e a Palestina.

No Estado teocrático, os poderes religioso e político se fundem.

No Estado confessional, há a coexistência do poder político e uma religião, como no Brasil império, em que o catolicismo era a religião oficial.

18.1 Estado simples

No Estado unitário ou simples só existe uma única fonte de Direito, que é de âmbito nacional, estendendo-se uniformemente sobre todo o seu território. Existe unicidade de poder. Ele é centralizado ou centrípeto, pois há centralização político-administrativa. A França, a Bélgica, a Itália, Portugal, Inglaterra, Uruguai e Paraguai são Estados unitários. Há divisão em municípios, distritos ou departamentos.

18.2 Estado composto

O Estado composto é a reunião de dois ou mais Estados, sob o mesmo governo, formando uma união. Era o que ocorria na antiga União Soviética, que congregava a Rússia, a Ucrânia etc., e também na Iugoslávia, que incluía a Bósnia, a Herzegovina, a Croácia e a Dalmácia.

A divisão do Estado composto é: união pessoal, união real, união incorporada, confederação.

18.2.1 União pessoal

Pode ser estabelecido o Estado composto por meio de união pessoal, que é uma forma de monarquia. Dois Estados são submetidos a uma mesma monarquia. A sucessão ocorre por hereditariedade ou pode ser decorrente de casamento. Um mesmo príncipe pode herdar duas ou mais coroas.

A característica é a temporariedade, mas a duração pode ser indefinida.

Cada Estado conserva a sua organização política e jurídica, inclusive no aspecto internacional. A única diferença é que reina uma única pessoa para os dois Estados.

Isso ocorre por um período em decorrência de razão política ou jurídica. Foram exemplos: Castela e Aragão, com D. Joana, a louca, de 1504 a 1555; de Portugal e Espanha, de 1580 a 1640; de Inglaterra e Escócia, com Jayme I; Espanha e Portugal, com Felipe d'Áustria; Inglaterra e Hanover, com Jorge I.

18.2.2 União real

O Estado composto por meio de união real tem característica monárquica. É a união definitiva de dois ou mais Estados, porém eles conservam sua autonomia administrativa, mas formando um único Estado.

Foram exemplos: Áustria e Hungria, governados por Francisco José e do qual nasceu o Império Austro-Húngaro; Suécia e Noruega, de 1815 a 1905; Escócia, Irlanda e Inglaterra, até 1707.

18.2.3 União incorporada

No Estado composto por união incorporada, há a junção de dois ou mais Estados formando um novo Estado. Os Estados anteriores se extinguem formando um novo.

Atualmente, é o exemplo da Grã-Bretanha, com a união de Inglaterra, Escócia e Irlanda.

18.2.4 Confederação

Na Confederação, segundo Jellinek, há a união permanente de Estados independentes, tendo por fundamento um pacto, que se ligam para fins de defesa externa e paz interna[148]. É uma nova unidade, com pluralidade de Estados. Os Estados não fazem a união de forma isolada. A união existe durante o período em que convier aos envolvidos. É uma união instável. É a afirmação de que os Estados não foram feitos para o acordo, mas o acordo para os Estados.

A união é feita por meio de pacto, de convenção ou de tratado.

São exemplos: a Confederação de Delos, com a reunião das cidades-Estados para expulsar o inimigo comum, que eram os persas; a Confederação Helvética; as treze colônias americanas se emanciparam politicamente, ao vencerem a Guerra da Independência, se uniram pela Confederação em 1777, até a criação do Estado federal em 1787; a Comunidade dos Estados Independentes em 8 de dezembro de 1991, depois da dissolução da antiga União Soviética, por intermédio de Rússia, Ucrânia, Bielorrússia.

18.3 Estado centralizado

No Estado centralizado, a direção dos serviços públicos fica a cargo exclusivo do Estado.

Ensina José Pedro Galvão de Sousa que "o Estado descentralizado é aquele em que todas as funções públicas relativas à elaboração do direito e à organização da sociedade pertencem ao poder central do próprio Estado. Descentraliza-se na medida em que tais funções são transferidas a outros organismos sociais, às auto-

148 JELLINEK, Georg. *Teoría general del Estado*. Buenos Aires: Albatros, 1943, p. 616.

ridades sociais que coexistem com a autoridade política soberana"[149]. É o exemplo de se descentralizar serviços públicos para Estados e municípios. Na Saúde, a União estabelece política geral, mas, na prática, os serviços de Saúde são feitos por Estados e Municípios.

18.4 Vassalagem

A vassalagem era comum na Idade Média. O Estado vassalo tinha sua própria Constituição, seu próprio território, mas era obrigado a pagar tributo e prestar serviços ao Estado soberano.

O Estado soberano dava, em compensação, auxílio e proteção.

Moldávia, Voláquia, Sérvia, Bulgária e Egito foram estados vassalos do Império Otomano.

A Sérvia e a Romênia, de 1856 a 1878, e a Bulgária, de 1878 a 1908, foram estados vassalos da Turquia.

18.5 Império britânico

O Império Britânico é uma situação completamente singular. Não é confederação, federação, nem união pessoal ou real.

Colônias autônomas formaram Federações colônias, como Austrália, Canadá e União Sul-Africana.

Há colônias que têm Poder Legislativo, mas se submetem ao governo britânico. Há o aspecto negativo, que não produz bons resultados, de ter um governo local e outro britânico.

Depois da guerra de 1939-1945, a Índia e a Malásia passaram a ser nações livres.

18.6 União francesa

A União Francesa compreende a França metropolitana; e os departamentos ou regiões de ultramar, como Nova Caledônia, Guiana Francesa, Martinica, Guadalupe, Reunião, Maiote, São Bartolomeu, Saint-Martin, São Pedro e Mique-

[149] SOUSA, José Pedro Galvão de. *Política e teoria do Estado*. São Paulo: Saraiva, 1957, p. 237.

lão, ilhas Wallis e Futuna, e a Polinésia francesa (art. 72-3 da Constituição francesa de 1958).

18.7 Liga dos Estados Árabes

A Liga dos Estados Árabes (LEA) foi criada pelo Tratado do Cairo, em 22 de março de 1945. A organização tem 22 membros: Arábia Saudita, Argélia, Bahrein, Qatar, Comores, Djibouti, Egito, Emirados Árabes Unidos, Iêmen, Iraque, Jordânia, Kuwait, Líbano, Líbia, Marrocos, Mauritânia, Palestina, Síria (suspenso), Omã, Somália, Sudão e Tunísia.

O principal órgão decisório é o Conselho da Liga, no qual todos os membros estão representados. Esse conselho se reúne, em princípio, duas vezes por ano, podendo também reunir-se extraordinariamente. A Presidência do Conselho é ocupada em caráter de rodízio pelos membros da Liga, por um período de seis meses. As Cúpulas da Liga ocorrem em frequência anual, geralmente no mês de março.

As decisões do Conselho obrigam apenas os Estados que as aceitarem (art. 7º).

O objetivo da Liga é a cooperação entre os membros de natureza econômica, financeira, sanitária, intelectual, social e de transportes.

18.8 Estado Federal

Federação vem do latim *foederatio*, do verbo *foederare*, de *foedus, eris*, que tem sentido de unir, ligar por aliança.

Federação é a união de Estados autônomos tendo por fundamento a Constituição.

No Estado federado, há a reunião de vários Estados que formam a federação. É a união de Estados que eram independentes. A União faz nascer um novo Estado, sob o império de uma Constituição e não de um tratado. Os Estados que aderem à federação não podem mais dela se desligar. Perdem os Estados sua soberania. Há distribuição de competências na Constituição. Existem várias fontes de Direito, que são a federal, a estadual e a municipal, mas que são exercidas de forma harmônica e simultânea. Seria um Estado de Estados. Os Estados podem impor tributos para fazer frente a seus encargos. O Brasil, a Argentina e o México são, por exemplo, Estados federais.

As treze colônias britânicas decretaram a sua independência em 4 de julho de 1776, tendo se constituído em estados livres. Inicialmente, formaram uma Confederação de Estados, em 1781, que tinha por objetivo a defesa comum. O art. 2º do Tratado de Confederação dispunha que "cada Estado reterá sua soberania, liberdade e independência, e cada poder, jurisdição e direitos, que não sejam delegados expressamente por esta confederação para os Estados Unidos, reunidos em Congresso". Não era possível à Confederação impor tributos aos Estados, tanto que entre os anos de 1782 a 1787 alguns Estados não contribuíram com nenhum valor. Esse sistema não solucionava os problemas econômicos e os de natureza militar. George Washington dizia que "a Confederação não passa de uma sombra sem substância, e o Congresso, de um corpo fútil". Decidiram fazer a Convenção da Filadélfia para discutir seus problemas e transformaram a Confederação em Federação com a Constituição de 1787. Foi feito o possível nesse momento para acomodar a situação americana, que não foi exatamente a desejável. Os poderes são independentes e harmônicos entre si. Cada Estado, porém, poderá ter legislação sobre certa matéria, que não existe em outro.

O exercício da soberania compete ao governo federal e não aos governos estaduais ou municipais. Os Estados-membros não têm soberania. A união federal é permanente e indissolúvel.

A união de Estados faz nascer um novo Estado. Os Estados que aderiram perdem a condição de Estados independentes, sendo criado um novo Estado.

O fundamento da federação é a Constituição.

Não existe a possibilidade de divisão de Estados dentro da Federação. A exceção diz respeito a URSS, pois sua Constituição, ao estruturar o Estado Federal socialista, permitia que "cada república da União conserva o direito de se separar, livremente, da URSS" (art. 72).

No Estado federal há a distribuição de competências entre o plano federal e o estadual ou municipal. A competência para estabelecer regras gerais é federal. Não havendo regras próprias federais, os Estados e municípios podem legislar a respeito de seus interesses. Aquilo que não for reservado expressamente à União, poderá ser exercido por Estados e Municípios.

Dependendo do caso, Estados-membros e Municípios têm impostos próprios, previstos na Constituição.

Existe a necessidade de duas câmaras no parlamento, pois uma pode fiscalizar a outra ou rever os atos da outra. Uma câmara única poderia tentar absolver os outros poderes e se transformar em tirania. O Senado é o órgão de representação dos Estados. A Câmara representa o povo.

A Suíça deixou de ser Confederação e passou a ser Federação a partir de 1848.

O Brasil adotou a forma de República Federativa, conforme Decreto n. 1, de 15 de novembro de 1889.

O federalismo brasileiro é orgânico. O sistema federalista brasileiro surgiu de dentro para fora, tendo origem natural-histórica. A Constituição de 1891 estabeleceu o nosso federalismo nos moldes americanos.

A União, os Estados, o Distrito Federal e os Municípios são autônomos, nos termos da Constituição (art. 18 da Lei Maior).

19 Formas de Governo

Forma de governo é a maneira pela qual o Estado se organiza para o exercício do poder. É forma de constituir os órgãos políticos, a organização do poder e o seu funcionamento.

19.1 Classificação de Platão

Platão (429-347 a.C.), na verdade, tinha o nome de Arístocles. Ele tinha espáduas, ombros largos, omoplata. Daí o nome Platão.

No livro *Da república* idealizou um rodízio na forma de governo. Nesse livro, fazia referência ao modelo ideal de Estado, que não era exatamente do seu tempo.

Aristocracia vem do grego *aristokratia*, de *aristoi*, *aristos*, melhor, excelente e *kratos*, *kratia*, poder. Ele considera que a Aristocracia era a melhor de todas. Seriam outras formas a timocracia, a oligarquia, a democracia e a tirania.

Timocracia vem do grego *timos*, honra e *kratos*, poder ou autocracia militar. Seria quando pessoas de condição social inferior enriquecem e tentam chegar ao poder pela astúcia, mas são impedidos pelos militares, que passam a exercer o poder oprimindo aqueles a quem deveriam proteger.

Oligarquia (de *oligoi*, poucos, e *arche*, governo) ocorre quando uma minoria abastada impõe sua arrogância a toda a sociedade. A corrupção é a forma de ascensão política e social.

Em *As leis*, Platão já tem um ponto de vista mais real e maduro, fazendo referência apenas a duas formas de governo: a monarquia e a democracia, tendo por fundamento a autoridade e a liberdade.

19.2 Classificação de Aristóteles

Aristóteles (384-322 a.C.) foi discípulo de Platão. Nasceu na Macedônia. Era filho de um médico abastado, Nicômaco. Dizem que um dia faltou na aula e Platão teria dito aos alunos sobre a ausência de Aristóteles: "Hoje a inteligência faltou!".

Aristóteles classificava as formas de governo em normais e anormais.

A classificação pelo número de pessoas a exercer o poder compreende a monarquia, do grego *monos*, um; *arché*, governo. É o governo de uma única pessoa, o monarca. Quando o governo é exercido para o interesse geral, tem forma pura. Quando é exercido para o interesse do próprio governante, seria a tirania.

Quando o poder é exercido por uma minoria, há a aristocracia, de *aristo*, melhores e *kratos*, poder, que é o governo de poucos. Quando a minoria se sustenta no poder com fundamento no dinheiro ou na hereditariedade, haveria oligarquia, uma forma impura, de corrupção da aristocracia.

Quando o poder é exercido por muitos no interesse de todos, há a *politeia*, que teria como formas corrompidas a democracia e a demagogia (de *demos*, povo; *agos*, orador).

Formas normais ou puras têm por fim o bem da comunidade.

As formas normais podem ser divididas em monarquia, aristocracia e democracia.

Monarquia é o governo de uma única pessoa, do rei, que geralmente é transmitido por sucessão, tendo por objetivo o interesse geral.

Aristocracia é o governo de uma classe restrita, de uma minoria. A cidade-estado de Esparta foi sempre governada pela aristocracia latifundiária guerreira. Teocracia ou Clerocracia é governo despótico dos sacerdotes. Na verdade, ela é uma forma de aristocracia ou de oligarquia. Para Aristóteles, aristocracia é o governo dos melhores (Política).

Democracia vem do grego *demos*, povo e *kratos*, que significa poder. É o regime de governo em que o poder pertence ao povo, a todos os cidadãos. É o governo da maioria. Ela surge em 508 a.C. na Grécia, que era composta por assembleias nas quais os membros votavam nas melhores propostas depois de serem expostas e debatidas. Decidia-se o que era melhor para aquela cidade. Somente homens livres maiores de 21 anos tinham direito ao voto. Aristóteles dizia que "há democracia quando os livres governam".

Aristocracia e democracia não são exatamente formas de governo, mas modalidades de monarquia ou de república.

Formas anormais, impuras ou degeneradas do governo visam somente a vantagens ou a interesses pessoais para os governantes. São formas anormais: a tirania, a oligarquia e demagogia[150].

Tirania vem do latim *tyrannus*, que é o rei absoluto, o déspota. É uma forma impura de monarquia. É um governo usurpado e ilegal, que é estabelecido de acordo com a sua própria vontade e o seu arbítrio. É um governo que não observa a lei. O rei Giges, da Lídia, pode ter sido o primeiro a ser chamado de tirano. Passou para a Grécia a partir do século VI a.C. Aristóteles mostrava que o bom rei pode se transformar num tirano, por meio de bajulações e de elogios excessivos de seus servos ou cortesãos, fazendo com que ele passasse a pensar apenas em si mesmo e no seu bem-estar, esquecendo-se do bem-estar do povo.

Oligarquia vem do grego *oligarkia*, de oligoi, poucos; *arche*, governo. É a forma impura de aristocracia. É o governo discricionário de um grupo, de uma classe aristocrática ou de uma família. Às vezes é um regime que emprega os aficionados e os parentes. Aristóteles afirmava que há oligarquia quando os ricos governam e, geralmente, os livres são muitos e os ricos, poucos (Política).

Demagogia vem do grego *demo*, povo e *egogia*, conduzir ou então de *agein*, conduzir pela palavra. É a forma impura de democracia. Seria o poder ou a arte de conduzir o povo. É um poder de natureza tirânica ou imoral exercido em nome das multidões. Aristóteles afirma que, após a morte de Péricles, a demagogia era a corrupção da democracia ou a corrupção da *politeia*[151].

Atualmente, demagogia tem o sentido da política em que o governante ou candidato procura impressionar o povo com falsas promessas, fazendo deformação de fatos e procurando agradá-lo.

Em *A política*, Aristóteles afirma que a melhor forma de governo é a que tem os melhores governantes (Livro III, Capítulo V).

---

150 ARISTÓTELES. *A política*. Trad. de Nestor Silveira Chaves. Rio de Janeiro: Ed. de Ouro, 1965, Livro III, cap. V.

151 Idem, VI (IV), 2, 1.

19.3 Classificação mista de Políbio

Políbio (205-125 a.C.) estudou a república, em Roma, que tinha várias magistraturas, mediante descentralização do poder político.

Reconhece três formas boas de governo: realeza, aristocracia e democracia. Monarquia seria obtida pela força. Realeza seria por equidade e razão.

Na democracia, o povo, irritado, busca reparar os desvios dos governantes.

Oclocracia (de *oclos*, multidão; *kratos*, poder) é quando o povo se torna insolente e menospreza as leis, criando a irracionalidade e a insegurança. Os enciclopedistas franceses a definem como "abuso que se instala no governo democrático quando o populacho vil se torna o senhor dos negócios públicos". Não é, porém, uma forma de governo, mas uma situação crítica das instituições, que ficam ao alvedrio da irracionalidade das multidões.

A constituição da República tem três formas puras de governo: monarquia, aristocracia e democracia.

Os cônsules eram incumbidos de exercer a função executiva nos tempos de paz e de comandar os exércitos nos tempos de guerra. Os pretores tinham a função de distribuição de justiça. Os questores eram responsáveis pelo recolhimento de tributos. Os censores deveriam zelar pela moral pública. O tribuno da plebe era o representante do povo, que era por ele eleito. O Senado exercia a função legislativa, mas também fiscalizava todos os outros órgãos integrantes da Urbe.

A mistura de órgãos, de magistraturas e de funções constituía uma forma mista de governo. A monarquia era representada pelos cônsules, a aristocracia pelo Senado e a democracia pelo tribuno da plebe.

A melhor forma de governo seria a que sintetiza as virtudes das demais.

19.4 Classificação de Cícero

Marco Túlio Cícero (106-43 a.C.) segue a classificação de realeza, de aristocracia e de governo popular.

Na monarquia, as pessoas são privadas dos direitos e da participação nos negócios públicos, com exceção do monarca.

No governo aristocrático, o povo é livre, pois não precisa participar das assembleias, mas não tem qualquer poder.

No Estado Popular, prevalece a iniquidade.

Considera a monarquia a forma ideal de governo, e o governo do povo, a forma pior.

Entende que o melhor seria um sistema misto, em que fossem aplicadas as três formas com moderação (*Da república*, Livro I, Título II).

19.5 Classificação de Maquiavel

O florentino procura mostrar a existência de ciclos de governo. Em primeiro lugar, há o estado anárquico, que teria ocorrido no início da vida humana em sociedade. Os homens escolheram um chefe e o obedeceram. Depois verificaram que isso não funcionava, pois passou a existir a tirania. Os aristocratas passaram a utilizar o governo em seu proveito próprio, transformando a aristocracia em oligarquia. O povo destituiu a oligarquia em razão dos seus excessos e passou a governar ele próprio. Cada um passou a se utilizar do governo em benefício próprio e gerou a anarquia. Assim, voltava-se ao estágio inicial[152].

Maquiavel, no livro *O príncipe*, afirma que "todos os Estados e domínios que tiveram ou que têm poder sobre os homens foram e são ou repúblicas ou monarquias".

19.6 Classificação de Montesquieu

Montesquieu, no *Espírito das leis*, distingue três espécies de governo: o republicano, o monárquico e o despótico: "o governo republicano é aquele que o povo, como um todo, ou somente uma parcela do povo, possui o poder soberano; a monarquia é aquele em que um só governa, mas de acordo com leis fixas e estabelecidas, enquanto, no governo despótico, uma só pessoa, sem o dever de obedecer a leis e regras, realiza tudo por sua vontade e seus caprichos"[153].

O princípio das repúblicas é a virtude. Na república democrática, a virtude é o civismo. Na república aristocrática, deve haver moderação por parte dos governantes, de forma que o povo tenha alguma participação política. A república é uma forma de governo para Estados de pequenas dimensões.

O poder intermediário mais conveniente é o do clero. O mais natural, o da nobreza. Os magistrados seriam um terceiro organismo que tem por objetivo zelar pela preservação das leis e lembra o monarca de cumpri-las.

---

[152] MAQUIAVEL, Nicolau. *Discursos sobre a primeira década de Tito Lívio*, 1531, I, 2.

[153] MONTESQUIEU. *O espírito das leis*, Livro II, Cap. I.

19.7 Classificação de Rousseau

Rousseau, no *Contrato social*, afirma que a democracia é o fato de o soberano confiar o governo ao povo em conjunto ou à maioria do povo, havendo mais cidadãos magistrados do que simples cidadãos particulares.

Se o governo fica restrito a um pequeno número, havendo maior número de cidadãos particulares que de magistrados, tem o nome de aristocracia.

Quando o soberano concentra todo o governo nas mãos de um magistrado único, do qual todos os demais recebem o poder, existe a monarquia ou governo real.

Com a Revolução Francesa, a aristocracia perdeu seu sentido original e desapareceu, por completo, na Europa.

19.8 Classificação de Kelsen

Hans Kelsen (1881-1973) divide as formas de governo em governos democráticos e governos autocráticos.

Governos democráticos são os que têm a participação do povo na sua formação e na elaboração das suas normas.

Governos autocráticos são os que tomam decisões sem consulta ao povo. Este também não escolhe os seus governantes.

O Estado é classificado como democracia ou aristocracia quando a sua legislação é de natureza democrática ou aristocrática.

Será monarquia quando o monarca é, juridicamente, o legislador, mesmo quando seu poder nesta parcela do Executivo se ache rigorosamente restringido e, no campo do Poder Judiciário, praticamente inexista[154].

19.9 Quanto à origem

A forma de governo quanto à origem pode ser de direito ou de fato.

O governo de direito é o que foi estabelecido de acordo com a Constituição e as leis do Estado. É um governo legítimo. Pode ser decorrente de hereditariedade ou de eleição.

Governo de fato existe em caso de violência ou de fraude.

---

[154] KELSEN, Hans. *Teoría general del derecho y del Estado*. México: Universidad Nacional Autônoma de México, 1979, p. 336.

19.10 Quanto ao desenvolvimento do governo

Quanto ao desenvolvimento do governo, pode ser legal ou despótico.

Governo legal é que se desenvolve e observa as normas vigentes de direito positivo desse Estado.

Governo despótico é o estabelecido por meio de arbítrio de quem detém o poder, dependendo de interesses pessoais.

19.11 Extensão do poder

Quanto à extensão do poder, o governo pode ser constitucional ou absolutista.

O governo constitucional se desenvolve de acordo com a previsão da Constituição e os três poderes: Legislativo, Executivo e Judiciário.

Governo absolutista é o que concentra seus poderes num órgão só. É o que ocorria com as monarquias de direito divino, na época de Cesar em Roma, em que se observava a vontade do príncipe como fonte da lei (*voluntas principis suprema lex est; quod principi placuit legis habet vigorem; sic volo, sic jubeo, sit pro ratione voluntas*).

Fenelon mostra que a melhor forma de governo não tem uma resposta certa, pois "a corrupção pode ser idêntica em todas as formas de governo; o principal não é o regime em si, mas a virtude na execução dele".

19.12 Monarquia

A palavra monarquia vem do grego *monos*, um; *arche*, governo ou *arkhein*, comando. Monarquia é o governo do soberano, que é o supremo legislador.

Monarquia é o governo do rei. É o governo de um só: unipessoal. Bem retrata o fato a afirmação de Bossuet, de que "ninguém pode servir a dois senhores".

Quando o governo é feito no interesse do bem comum, chama-se realeza. Quando o governo é feito para interesses pessoais, chama-se despotismo.

Na Monarquia, o poder era do rei. O rei era considerado um representante de Deus na Terra. Não se distinguia o Estado do rei. Era o absolutismo do rei. Quando este morria, dizia-se: o rei morreu, viva o rei (*vive le roi*). Era a ideia de continuação do poder para evitar vacância até que assumisse o novo monarca.

O absolutismo do rei é marcado no reinado de Luís XIV. Com a morte do Cardeal Mazarin, que o instruía e o ajudava a governar, Luís XIV teria dito a frase:

o Estado sou eu (*L'État c'est moi*). Tudo estava centralizado no rei. Ele estabelecia a lei, exercia a justiça, governava e administrava o reino.

O monarca exerce o poder vitaliciamente e mediante sucessão hereditária. O rei não governa por tempo limitado, mas de forma vitalícia. Quando morre o rei ou sai do governo por outra razão, a escolha é feita na linha de sucessão hereditária.

O monarca recebe uma educação especial para poder governar o Estado.

A corrente contrária entende que se o monarca não governa, é inútil. Há um gasto muito grande do povo para manter a monarquia. Se o monarca governa, o destino do povo fica decidido por uma única pessoa. Não permite, a monarquia, a participação democrática do povo nas decisões do Estado.

Thomas Jefferson, em carta a George Washington, afirma que "eu era inimigo ferrenho de monarquias antes da minha vinda à Europa. Sou dez mil vezes mais desde que vi o que elas são. Não há, dificilmente, um mal que se conheça nestes países, cuja origem não possa ser atribuída a seus reis, nem um bem que não derive das pequenas fibras de republicanismo existente entre elas. Posso acrescentar, com segurança, que não há, na Europa, cabeça coroada cujo talento ou cujos méritos lhe dessem direito a ser eleito pelo povo conselheiro de qualquer paródia da América"[155].

Segundo Montesquieu, a monarquia se caracteriza pela honra; a aristocracia, pela moral; e a democracia, pela virtude.

Na monarquia absoluta, o governo cabe a um único indivíduo, que possui poderes ilimitados, fazendo e aplicando as leis. O rei é desvinculado da lei (*solutus legibus*). O monarca é, ao mesmo tempo, legislador, administrador e juiz. Age no seu próprio e exclusivo arbítrio. Presta contas apenas a Deus, pois representa Deus na Terra. São exemplos: o faraó do Egito; o Tzar da Rússia; o Sultão da Turquia; o Imperador da China; Cesar, no Império Romano; Luís XIV, na França.

Monarquia limitada ocorre quando o poder é repartido em órgãos autônomos de função paralela ou depende de manifestação da soberania nacional. O exercício do poder é feito por elementos aristocráticos e democráticos. Na Aristocracia, o governo é de poucos, geralmente dos nobres, dos mais ricos. São suas espécies monarquia de estamentos, constitucional, parlamentar.

A monarquia de estamentos é também chamada de monarquia de braços. A palavra vem de *estate*, *état*, *stand*. O rei descentraliza certas funções e as delega a pessoas da nobreza, que se reúnem em Cortes. Geralmente, eram delegadas funções de cobranças de impostos. Exemplo da Suécia desde 1809 a 1866; o Meclemburgo, até a revolução de 1918.

---

[155] JEFFERSON, Thomas. *Escritos políticos*. São Paulo: Ibrasa, 1964, p. 67.

Monarquia constitucional ocorre quando o rei continua governando, mas está sujeito a limitações previstas na Constituição (*rex sub legem quia lex faciat regem*). É o que ocorre na Bélgica, Holanda, Suécia e no Brasil-Império.

Monarquia constitucional pura é a que adota o princípio da separação e da independência dos poderes. Exerce o monarca a função executiva. É chefe de Estado e de governo.

Monarquia constitucional parlamentar ocorre quando o monarca é apenas o chefe de Estado, mas a chefia do governo é exercida pelo Gabinete ou Conselho de Ministros. O rei reina, mas não governa. O rei preside a nação. Há interdependência entre Legislativo e Executivo. Exemplos podem ser da Grã-Bretanha e da Espanha.

Monarquias eletivas ocorreram no período régio dos romanos (753-509 a.C.). Os reis, até Túlio Hostílio, eram eleitos pelos comícios das cúrias. Depois de Túlio Hostílio, a competência era do comício das centúrias, de acordo com a reforma constitucional que foi imposta. Veneza e Gênova eram, na verdade, monarquias eletivas, no regime dos dodges em Veneza de 697 a 1797, embora tivessem o nome de repúblicas. É também exemplo da espécie de monarca eleito o papa, que é eleito por um colégio eleitoral de cardeais, o Colégio Cardinalício.

Monarquia cooptativa é quando o rei indica o sucessor. Nerva, senador romano, escolheu, como seu sucessor, Trajano, um de seus generais.

A Constituição de 1824 dispunha que "o seu Governo é Monárquico Hereditário, Constitucional, e Representativo" (art. 3º).

19.13 República

República vem do latim *res publicae*, coisa pública.

A República surgiu com a queda da monarquia etrusca entre 510 ou 506 a.C. O rei Tarquínio, o Soberbo, foi deposto.

O Senado romano reunia um grupo de chefes das famílias mais importantes de Roma, que eram os patrícios. Eles eram quase 300 membros vitalícios. Faziam a fiscalização das finanças do Estado e decidiam sobre a guerra e a paz. É a forma de governo democrática, exercitada pelo povo, em seu benefício, por meio do voto. O rei foi substituído por dois cônsules ou praetores, entre os quais os primeiros foram Lúcio Júnio Bruto, que comandou a deposição de Tarquínio, e Tarquínio Colatino.

Dizia Cícero que "a república é coisa do povo, e povo não é mero ajuntamento de pessoas postas lado a lado, mas uma convivência consciente de pessoas que se torna sociedade pelo reconhecimento de um direito e de um objetivo comuns"[156].

Na República, o chefe de governo e os políticos têm um mandato a cumprir com duração determinada. Isso evita a perpetuação no poder de uma pessoa, que não seja do interesse do povo.

O chefe de governo é eleito. Não existe sucessão hereditária.

É politicamente responsável o chefe de governo por seus atos, devendo prestar contas ao povo.

República aristocrática é o governo das elites, de uma classe privilegiada por direitos de nascença ou de conquista. São exemplos de Atenas e Veneza. Pode ser direta ou indireta.

República aristocrática direta é o governo exercido diretamente pela classe dominante.

República aristocrática indireta é exercida por delegados eleitos, em assembleia representativa.

República democrática em que todo o poder é originário do povo. São suas espécies: direta, indireta ou semidireta.

República democrática direta é a que o governo é feito por todos os cidadãos, que deliberam em assembleias populares. É o exemplo de Atenas.

Na república democrática indireta ou representativa, o governo é exercido pelos representantes ou delegados da comunidade. O poder é concentrado nas mãos de magistrados eleitos, que têm mandato temporário e atribuições preestabelecidas. É o sistema proposto pelos filósofos que deram base à Revolução Francesa.

República democrática semidireta ou mista é a restrição do poder da assembleia representativa, pois o pronunciamento direto é feito na assembleia geral dos cidadãos, na qual são discutidos os assuntos mais importantes. É o sistema da Suíça. A Constituição da República alemã de Weimar, de 11 de agosto de 1919, adotava o referido sistema. Ele emprega o *referendum*, a iniciativa popular e o veto popular.

Na república, os homens são iguais politicamente. O Poder Executivo e o Poder Legislativo são exercidos por eleições populares.

A proclamação da República ocorreu em 15 de novembro de 1889. O Decreto n. 1 do governo provisório declarava "fica proclamada provisoriamente decretada como a forma de governo da nação brasileira – a República Federativa".

---

156 CÍCERO, Marco Túlio. *Da República*, Livro I, § XXV.

A Constituição de 1891 dispunha que "a Nação Brasileira adota como forma de governo, sob o regime representativo, a República Federativa, proclamada em 15 de novembro de 1889, e constitui-se, por união perpétua e indissolúvel das suas antigas províncias, em Estados Unidos do Brasil".

As Constituições brasileiras que se seguiram adotaram a República como forma de governo (1934, 1937, 1946, 1967, 1988).

O nome do país é Brasil. O nome do Estado é República Federativa do Brasil (art. 1º da Constituição de 1988). Na Espanha, coincidem o nome do país e o do Estado. O Brasil adota um Estado Democrático de Direito (art. 1º da Lei Maior).

O sistema de governo republicano pode ser o presidencialista e o parlamentarista.

20 Sistema de Governo

Os sistemas de governo são o parlamentar e o presidencial.

20.1 Parlamentarismo

Parlamentarismo vem do baixo latim *parlamentum*.

No parlamentarismo, a administração do Estado é feita pelo próprio parlamento.

Em 1295, o Rei Eduardo I oficializou na Inglaterra as reuniões do rei com cavaleiros, criando o Parlamento.

Em 1332, verifica-se a criação de duas Casas no Parlamento. Os cavaleiros, os cidadãos e os burgueses, chamados de *commoners*, criaram a sua própria assembleia, que seria a Câmara dos Comuns.

Em 1714, com a morte da Rainha Ana, na Inglaterra, o trono foi ocupado pelos príncipes alemães (da casa de Hanover). Jorge I, que não falava inglês, e Jorge II, que entendia inglês, mas não o falava. Quando se dirigiam ao Parlamento usavam o latim. Ambos não conheciam os interesses britânicos. O Gabinete de ministros é que tomava as decisões, sem a presença do rei. Um dos ministros passou a se destacar, liderando o Gabinete. Ele expunha e defendia as decisões perante o Parlamento. Robert Walpole foi chamado, por ironia, de Primeiro Ministro, pois tinha ascendência sobre os demais e de controlar o rei. Deixaram o governo nas mãos de um de seus ministros. O Chefe de Governo era o primeiro-ministro. O chefe de Estado era o rei. Walpole se demitiu em 1742.

Em 1782, houve a demissão coletiva no gabinete chefiado por Lord North, permanecendo apenas Lord Thurlow. A demissão coletiva significa que o regime político está condenado.

Em 1784, William Pitt aconselhou o rei Jorge III a dissolver o parlamento.

Atualmente, a rainha da Inglaterra reina, mas não governa. Ela é apenas a chefe de Estado. O chefe do governo governa e administra. Se a maioria no Parlamento votar uma moção de desconfiança, o governo cai.

A lei francesa de 25 de fevereiro de 1875 estabelece que "os ministros são solidariamente responsáveis perante as Câmaras pela política geral do governo e individualmente, pelos seus atos pessoais. O Presidente da República não é responsável senão nos casos de alta traição".

A Constituição francesa de 1958 prevê que quando a Assembleia Nacional adota uma moção de censura ou quando desaprova o programa ou uma declaração política geral do Governo, o primeiro-ministro deve remeter ao Presidente da República a demissão do governo (art. 50).

No regime parlamentar, o Parlamento representa o governo. O primeiro-ministro exerce uma função de confiança, podendo ser destituído do cargo. O governo é efetivamente estabelecido por um colegiado, com a direção do primeiro-ministro. O chefe do governo é o primeiro-ministro, que tem responsabilidade política. O chefe de Estado é o rei ou o presidente. O chefe de Estado não tem qualquer responsabilidade política. O rei reina, mas não governa.

No sistema inglês, dissolvido o Parlamento, são considerados extintos os mandatos dos membros da Câmara dos Comuns antes do prazo normal. Se o primeiro-ministro ficar com a minoria, será demitido.

O regime parlamentarista é empregado nas monarquias (Inglaterra, Espanha) e repúblicas (Itália).

No Brasil, a Constituição de 1824 previa que a pessoa do Imperador era inviolável e sagrada: ele não estava sujeito a responsabilidade alguma (art. 99). O imperador, de acordo com o poder moderador, tinha a faculdade de nomear e demitir livremente os Ministros de Estado (art. 101). Competia ao imperador velar sobre a manutenção da independência, do equilíbrio e da harmonia dos demais poderes políticos (art. 98). O poder moderador do Imperador permitia a dissolução da Câmara dos Deputados e convocar novas eleições (art. 101, n. 5), e nomear primeiros-ministros, mesmo que não tivessem apoio da maioria parlamentar. O parlamentarismo existiu no período do Império (1847-1889). Por meio do Decreto n. 523, de 20 de julho de 1847, D. Pedro II criou o cargo de Presidente do Conselho, instituindo o governo de gabinete. A Câmara dos Deputados foi dissolvida pelo Imperador por onze vezes. Entretanto, D. Pedro II jamais deixou de governar.

Foi instituído um sistema semiparlamentarista pelo Ato Adicional de 2 de setembro de 1961. Após a renúncia do presidente Jânio Quadros, a Emenda Constitucional n. 4/61, instituiu o sistema parlamentar de governo, tendo terminado pela manifestação do povo no referendo de 6 de janeiro de 1963. A Emenda Constitucional n. 6, de 23 de janeiro de 1963, restabeleceu o presidencialismo.

O art. 2º do Ato das Disposições Constitucionais Transitórias estabeleceu que em 7 de setembro de 1993 haveria um plebiscito para o eleitorado escolher a forma (República ou Monarquia Constitucional) e o sistema de governo (Parlamentarismo ou Presidencialismo). O resultado do plebiscito foi a forma republicana e o sistema presidencialista de governo.

No parlamentarismo, os poderes não são autônomos nem independentes. O Legislativo pode ser dissolvido pelo chefe de Estado, com convocação de novas eleições. Na França, por exemplo, o Poder Judiciário é uma repartição do Ministério da Justiça. O chefe de Estado (Presidente da República) tem várias funções de governo. Em certos casos, estas funções são superiores aos poderes do Primeiro-Ministro.

A dissolução do Parlamento, com a convocação de novas eleições, é mais rápida no parlamentarismo e atende necessidades urgentes.

No parlamentarismo puro, somente os parlamentares podem ser ministros.

Parlamentarismo dualista é o que exige a dupla confiança do rei e do Parlamento.

No parlamentarismo monista, o gabinete só depende da maioria parlamentar.

O Ministério é interpelado. Contra ele são apresentados votos de censura e moções de confiança ou desconfiança.

A interpelação é proposta por um ou alguns parlamentares e submetida à apreciação do Parlamento. Caso seja aprovada a interpelação, o governo deverá se defender no plenário do Parlamento, por meio do primeiro-ministro. Se a defesa não for acolhida, a interpelação terminará com o voto de desconfiança, sendo demitido o ministério para que outro seja formado. O Parlamento não demite o ministério. Os novos ministros são escolhidos entre as pessoas mais destacadas do parlamento.

Na Inglaterra, a câmara alta (Câmara dos Lords) tem seus membros vitalícios. Eles não são eleitos pelo povo. A dissolução atinge apenas a Câmara dos Comuns.

Na Itália, o governo deve ter a confiança de ambas as câmaras (art. 94). O Presidente da República pode, ouvindo previamente os respectivos presidentes, dissolver ambas as câmaras ou somente uma delas (art. 88).

20.2 Presidencialismo

Na Declaração de Independência americana, de 4 de julho de 1776, já se faziam acusações ao rei da Inglaterra. Afirmavam-se que os governos "recebem a legitimidade do poder do consentimento dos governados".

A Constituição dos Estados Unidos de 1787 criou o primeiro regime presidencialista.

A Constituição americana seguiu as ideias de Montesquieu no sentido da separação dos poderes. O único aspecto não observado foi que o Poder Executivo seria atribuído ao monarca.

No sistema presidencialista, o presidente governa durante seu mandato. Não pode dissolver o Congresso, nem ser por ele destituído. É eleito direta ou indiretamente pelo povo. Geralmente, nomeia livremente o seu ministério. O sistema do presidencialismo ocorre apenas nos Estados republicanos (Brasil, Estados Unidos, França).

O Presidente da República é o chefe de governo e de Estado. Como chefe de governo, administra os interesses internos do país. Como chefe de Estado representa o país, defendendo seus interesses no exterior, e o governa. Os ministros de Estado não são escolhidos pelo Congresso, nem precisam da autorização dessa casa para serem dispensados. O mandato do presidente é de prazo definido.

A Constituição da França mostra que o Presidente da República vela pelo respeito à Constituição. Ele assegura, pela sua arbitragem, o funcionamento regular dos poderes públicos, assim como a continuidade do Estado (art. 5º). O presidente é o garante da independência nacional, da integridade do território e do respeito aos tratados.

No presidencialismo, a chefia do Executivo é feita por uma única pessoa.

O povo escolhe o Presidente da República, que tem um mandato de prazo determinado. Na maioria dos casos, ele só pode ser deposto por *impeachment*, em caso de crime. O *impeachment* tem natureza política e criminal. No Código Penal, a perda da função pública é uma pena, tendo caráter acessório. Nos Estados Unidos, houve o processo contra o presidente Johnson, em 1868, que acabou absolvido, apesar da evidência da criminalidade dos atos a que foi acusado. No Brasil, já tivemos dois processos de *impeachment*: um contra o presidente Fernando Collor de Mello, instaurado em 1992, que não chegou ao final, pois ele renunciou no dia do julgamento; o segundo, contra Dilma Rousseff, em que ela foi afastada definitivamente da presidência em 2016.

Presidencialismo puro é o que ocorre nos Estados Unidos.

O presidencialismo misto ocorre no Brasil, em que os ministros podem comparecer ao parlamento. Não existe incompatibilidade entre o cargo de ministro e o de congressista.

Nos Estados Unidos, o presidente é eleito por quatro anos. Roosevelt foi eleito para um terceiro mandato em razão da guerra. A Emenda Constitucional de 27 de fevereiro de 1951 estabeleceu o limite máximo de dois períodos consecutivos. Pode ser reeleito uma única vez por mais quatro anos. Precisa ter 35 anos (art. 2º, Seção I, 5, da Constituição).

Na França, o presidente é eleito pelo sufrágio universal direto por período de cinco anos, podendo ser reeleito por uma vez (art. 6º da Constituição).

No Brasil, o mandato do presidente foi de quatro anos pelas Constituições de 1891 e 1934. A Constituição de 1937 elevou para seis anos. A Constituição de 1946 reduziu para cinco anos. A Constituição de 1967 estabeleceu quatro anos. A Emenda Constitucional n. 1/69 elevou para cinco anos. Com a Emenda Constitucional n. 8/77, foi elevado para seis anos. A Constituição de 1988 estabeleceu cinco anos. A Emenda Constitucional de Revisão n. 5/94 fixou em quatro anos o mandato do presidente, podendo ser reeleito uma vez. O presidente deve ser brasileiro nato (art. 12, § 3º, I, da Constituição) e precisa ter 35 anos (art. 14, § 3º, VI, *a*, da Constituição).

Há um sistema de freios e contrapesos (*checks and balances*), pelo qual um poder controla o outro e um poder pode depender do outro.

Maquiavel já havia previsto isso ao fazer referência às três formas que ele entendia de governo, a realeza, a aristocracia e a democracia: "um legislador prudente que conheça esses defeitos fugirá delas, estabelecendo um regime misto que de todas participe, o qual será mais firme e estável; porque numa Constituição em que coexistam a monarquia, a aristocracia e a democracia, cada um desses poderes vigia e contém os abusos dos demais"[157].

O Legislativo aprova as leis, inclusive o orçamento, que fixa as despesas. Ao controlar as despesas, controla os gastos dos Poderes Executivo e Judiciário.

---

[157] MAQUIAVEL, Nicolau. *Primeira década de Tito Lívio*. Livro I, Capítulo 2.

Veto vem da época romana dos tribunos da plebe, os quais tinham autoridade sobre atos contrários ou prejudiciais aos plebeus, inclusive a deliberações do Senado, que eram anuladas com a palavra veto: proíbo. A palavra veto vem do verbo latino *vetare*, que significa vedar, proibir, impedir que se faça alguma coisa. É empregado na primeira pessoa do singular do presente do indicativo.

O veto pode ser: (a) total: de toda lei; (b) parcial, de trechos da lei; (c) absoluto: de impedir a validade total da lei; (d) qualificado: quando o veto tem de ser analisado por uma segunda votação no Legislativo com maioria especial; (e) suspensivo: é a oposição provisória ao projeto de lei, que, se ratificado pelo Legislativo, o chefe do Executivo nada mais poderá fazer; (f) translativo: de apelar ao povo contra uma lei aprovada pelo parlamento.

O veto tem natureza executiva, pois o chefe do Executivo pede uma nova análise da lei pelo Legislativo no ponto vetado.

Em nosso ordenamento jurídico, o Presidente da República pode vetar o projeto de lei, controlando o Legislativo. Se o Presidente da República considerar o projeto, no todo ou em parte, inconstitucional ou contrário ao interesse público, vetá-lo-á total ou parcialmente, no prazo de quinze dias úteis, contados da data do recebimento, e comunicará, dentro de quarenta e oito horas, ao Presidente do Senado Federal os motivos do veto (§ 1º do art. 66 da Constituição). O veto parcial somente abrangerá texto integral de artigo, de parágrafo, de inciso ou de alínea. Decorrido o prazo de quinze dias, o silêncio do Presidente da República importará sanção. O veto será apreciado em sessão conjunta, dentro de 30 dias a contar de seu recebimento, só podendo ser rejeitado pelo voto da maioria absoluta dos Deputados e Senadores. O Legislativo pode rejeitar o veto, controlando o Executivo.

O veto pode ser considerado um direito ou um poder (*power*). Os autores americanos preferem a expressão veto *power*, pois o veto seria delegação do Estado. Os franceses preferem direito de veto (*droit de veto*). O direito seria inerente à pessoa.

No Brasil, o Presidente da República indica os nomes dos membros do STF e escolhe os membros de tribunais superiores e dos Tribunais Regionais Federais e do Trabalho, a partir de uma lista tríplice votada pelos referidos Tribunais, exercendo certo controle sobre o Judiciário. O Legislativo aprova os nomes dos ministros para os Tribunais Superiores, mediante sabatina, controlando as indicações do Presidente da República.

O Poder Judiciário pode julgar inconstitucional uma lei ou determinar como será aplicada, controlando a atividade do Legislativo.

No presidencialismo puro, há divisão radical dos poderes. Os ministros não podem comparecer ao Congresso, nem mesmo para prestar informações. É o previsto na Constituição americana de 1787, porém, por reciprocidade são aprovados pelo Congresso americano na indicação feita pelo Presidente. É encontrado na Constituição brasileira de 1891.

No presidencialismo atenuado, os ministros podem comparecer perante o Congresso. Ocorre na Argentina, no Chile e no Paraguai. Os ministros assistem a sessões do Congresso, levam o ponto de vista do Executivo e solicitam providências. A Constituição brasileira de 1946 adotou esse sistema.

No presidencialismo temperado, é admitida a fiscalização do Poder Legislativo sobre o Executivo, inclusive se estabelecendo voto de censura. O Congresso pode censurar o ministro. O Presidente da República pode substituir ou não o ministro censurado.

No presidencialismo eclético, os ministros são livremente nomeados pelo Presidente da República, mas dependem da confiança do Congresso.

No semipresidencialismo, o presidente chefia as Forças Armadas, conduz a diplomacia, tem direito de vetar normas, pode exonerar os membros do governo quando o primeiro-ministro o solicitar, além de nomeá-los. A chefia do governo ficará a cargo do primeiro-ministro, que fará a administração interna do país. O Legislativo, além de legislador, é também executor.

20.3 Governo de assembleia

No governo de assembleia, o Poder Legislativo predomina sobre o Poder Executivo. O Poder Executivo é formado pelo Poder Legislativo. O primeiro fica sujeito às determinações do segundo.

Depois de proclamada a República em 1792, na França, o Legislativo concentrava todos os poderes da vontade nacional. Muitas pessoas foram levadas à guilhotina sem terem direito de defesa, como os líderes da Revolução, Danton, Madame Rolland e Camille Desmoullins.

21 Regime Político

Regime é a forma de governar, administrar, reger ou dirigir. É o conjunto de regras ou disposições legais sobre um mesmo tema.

Regime político é conjunto de ideias políticas que vão reger um Estado.

Pode ser o regime político: democrático, autocrático, ditatorial etc.

21.1 Democracia

Democracia vem do grego *demos*, que significa povo, e *kratia*, que tem o sentido de força, poder.

Thomas Cooper, em 1795, fazia referência que "democracia é o governo do povo para o povo".

Daniel Webster, discursando no Senado, em 1830 afirmava que a democracia era "o governo do povo, feito pelo povo, para o povo e responsável perante o povo".

Theodore Parker, em 1850, disse que a democracia era "um governo de todo o povo, exercido por todo o povo, para todo povo".

Abrahan Lincoln, em 1863, reduziu a expressão para: "Democracia é o governo do povo, pelo povo e para o povo". Grupos opostos lutam entre si para a conquista do poder.

Darcy Azambuja leciona que democracia "é o sistema político em que, para promover o bem público, uma Constituição assegura os direitos individuais fundamentais, a eleição periódica dos governantes por sufrágio universal, a divisão e limitação dos poderes e a pluralidade dos partidos"[158].

Democracia é o regime político em que a Constituição assegura direitos individuais e coletivos, eleição periódica pelo sufrágio universal, separação e limitação de poderes e pluralidade de partidos, visando a promover o bem público do povo.

De Lincoln se verifica que democracia é o governo do povo, porque provém do povo; pelo povo, porque é exercido pelo povo, diretamente ou por meio de seus representantes eleitos; e para o povo, porque a democracia, encarada do ponto de vista substancial ou de conteúdo, tem essa necessária vertente popular. Afirmou Lincoln que uma parte do povo pode governar todo o tempo; todo o povo pode governar algum tempo, mas todo o povo não pode governar todo o tempo.

21.1.1 Democracia direta

Democracia direta ocorria em Atenas, no período clássico, de acordo com as leis de Sólon, em que o povo deliberava diretamente em assembleia sobre os destinos do Estado ou o exercício da administração pública.

Hoje, isso não é mais possível, pois é inviável que todo o povo de um país vá à assembleia. As pessoas têm seus afazeres, suas profissões. Não é possível que as pessoas vão a várias reuniões durante o ano.

Governantes e governados se confundiam, havendo absoluta igualdade política. A Ágora, na Grécia, fazia o papel do Parlamento de hoje em dia.

Rousseau defendia a democracia direta.

Lincoln, porém, mostra que não é possível ser empregada a democracia direta, ao afirmar que todo o povo não pode governar todo o tempo.

21.1.2 Democracia indireta

Democracia indireta é o sistema representativo, pois o povo não pode participar diretamente do poder.

Assim, há eleição de representantes populares, que irão discutir e exercer o governo.

Rousseau criticava a democracia indireta ou representativa, pois seria o governo de alguns e não do povo.

---

158 AZAMBUJA, Darcy. *Teoria geral do Estado*. 37. ed. São Paulo: Globo, 1997, p. 331.

21.1.3 Democracia semidireta

A democracia semidireta é a que pretende a formação de um governo representativo, havendo a possibilidade de, *a posteriori*, intervenção direta dos governados, que irão deliberar em determinados assuntos de natureza política ou do ordenamento jurídico.

Compreende o *referendum*, o plebiscito e o veto popular. De acordo com Lincoln, todo o povo governar algum tempo é a democracia semidireta.

21.1.4 Democracia representativa

Na democracia representativa, o povo outorga mandato a certas pessoas para representarem a vontade popular e tomarem as decisões.

Segundo Lincoln, parte do povo governar todo o tempo é a democracia representativa.

21.1.5 Democracia em sentido formal

Democracia em sentido formal ou estrito é o sistema de organização política em que o povo tem competência para dirigir os interesses coletivos.

É a utilização da frase de que todo poder emana do povo e em seu nome será exercido.

21.1.6 Democracia em sentido substancial

Democracia em sentido substancial é o sistema de governo temporário e eleito com base na Constituição, em que são reconhecidos e garantidos os direitos da pessoa.

21.1.7 Democracia liberal

Na democracia liberal, o Estado atua no plano político-jurídico, mas não intervém na área socioeconômica.

Era a utilização da frase *laissez-faire, laissez-passer, le monde va de lui-même* (deixa fazer, deixar passar, o mundo anda por ele mesmo).

É a ideia do Estado-polícia, do *L'État gendarme*. São seus princípios: (a) liberdade de trabalho; (b) liberdade de comércio; (c) neutralidade do poder público; d) prevalência dos impostos diretos em relação aos impostos indiretos.

Adam Smith retrata muito bem o liberalismo dizendo que "cada homem, enquanto não viola as leis da justiça, tem absoluta liberdade para defender o seu interesse, da forma que mais lhe convenha, e empregar o seu trabalho, ou seu capital, em concorrência com os dos outros homens ou classes de homens. O governo, por sua vez, fica completamente desonerado de um dever, que o exporia a graves decepções, se pretendesse cumpri-lo".

21.1.8 Democracia social

Na democracia social, o Estado intervém na área socioeconômica.

A primeira Constituição a intervir na área econômica e social foi a Constituição do México de 1917, que tratou inclusive de matéria trabalhista (art. 123). A segunda Constituição foi a de Weimar de 1919. É o que também se chama de constitucionalismo social.

No Brasil, essa fase se inicia com a Constituição de 1934.

21.1.9 Estado democrático

Estado democrático é o estabelecido por meio de eleição dos representantes pelo povo. Esses representantes votarão as leis que determinaram o desenvolvimento do Estado.

Estado de privilégios é quando o grupo dominante distribui entre os seus participantes os privilégios do poder. São exemplos de Estado de privilégios a ditadura e o absolutismo.

A democracia partidária é exercida por intermédio dos partidos políticos.

A minoria deve ter atuação para que se observe a democracia. Deve haver um diálogo ou debate constante entre governo e oposição para o exercício da democracia e daquilo que é melhor para o povo.

O diálogo deve também ser feito entre governantes e governados, entre o Poder Legislativo e o Poder Executivo, entre a maioria e a minoria e entre o Estado e os grupos, que visa a solução de conflitos[159].

Na democracia, há de se destacar a oposição e a contestação. Adverte Manoel Gonçalves Ferreira Filho que "a oposição é inerente a seu espírito e tem de ser protegida; a outra, a contestação, tem de ser reprimida para a própria sobrevivência da Democracia. Isto porque aquela visa a um aperfeiçoamento dentro do quadro

---

159 JIMENEZ DE PARGA, Manoel. *Los regímenes políticos contemporâneos*. 4. ed. Madrid: Tecnos, p. 134.

democrático, pelo respeito à vontade de todos, à sua liberdade e à sua igualdade, e esta busca uma subversão que rejeita a ordem democrática, a autodeterminação, a liberdade e a igualdade dos homens. A distinção fundamental entre uma e outra está, pois, em que a oposição é contra a política do governo, mas a favor da democracia, que tem, como já se salientou muitas vezes, um caráter próprio e definido, enquanto a contestação nega a própria democracia. Igualmente ambas se separam quanto aos meios, já que a oposição usa, em regra, dos recursos previstos na lei, ao passo que a contestação, também em regra apela para a violência"[160].

São características da democracia; (a) o poder é proveniente do povo e em seu nome e interesse é exercido; (b) os representantes são eleitos para mandatos temporários; (c) o seu fundamento está na Constituição e nas leis; (d) de um modo geral, há pluralidade de partidos políticos; (e) os direitos fundamentais das pessoas são estabelecidos e garantidos pela Constituição; (f) o princípio da igualdade pretende tutelar as pessoas que estão na mesma situação, de forma que sejam tratados de forma igual; (g) os atos dos governantes são sujeitos à responsabilidade prevista na lei.

Determina o parágrafo único do art. 1º da Constituição de 1988 que todo o poder emana do povo, que o exerce por meio de representantes eleitos ou diretamente. Há a descentralização da criação das normas.

21.1.10 Democracia e igualdade

Rousseau, no *Discurso sobre as origens e os fundamentos da desigualdade dos homens*, indaga: o homem nasce igual ou a sociedade o torna desigual?

A Declaração da Virgínia, de 1776, estabeleceu que todos os homens têm igual natureza, liberdade e independência.

A declaração dos Direitos do Homem e do Cidadão, adotada pela Assembleia Nacional Constituinte de 1789, determinou que "os homens nascem e se conservam livres e iguais em direitos. As distinções sociais só podem ter por fundamento o proveito comum" (art. 1º). "A lei deve ser a mesma para todos, quer quando protege, quer quando pune. Todos os cidadãos, sendo iguais perante ela, serão igualmente admitidos a todas as dignidades, funções e empregos segundo sua capacidade, e sem outra distinção senão a dos seus talentos e de suas virtudes" (art. 6º).

Na Revolução Francesa, o princípio da igualdade era usado no aspecto negativo, dirigido contra os odiosos privilégios medievais.

---

[160] FERREIRA FILHO, Manoel Gonçalves. *A democracia possível*. 3. ed. São Paulo: Saraiva, 1976, p. 68.

A Declaração dos Direitos do Homem e do Cidadão de 1789 afirma que a legalidade consiste em que cada um possa fazer jus aos mesmos direitos.

Louis Blanc assevera que a liberdade como direito não tem significado quando o homem não tem o poder de ser livre.

De acordo com a Declaração Universal dos Direitos do Homem, de 1948, "todos os seres humanos nascem livres e iguais em dignidade e direitos; são dotados de razão e consciência, e devem comportar-se, uns em relação aos outros, com espírito fraternal".

A natureza faz as pessoas desiguais. A lei não pode torná-las exatamente iguais se são diferentes.

Reza o *caput* do art. 5º da Constituição de 1988 que "todos são iguais perante a lei, sem distinção de qualquer natureza...". É o princípio da isonomia ou da igualdade perante a lei. É dirigido ao legislador. Este fica vinculado à criação de um direito igual para todos os cidadãos.

Isonomia vem do grego *isos*: igual + *nomos*: lei. Compreende a lei igual para todos. São as pessoas governadas pela mesma lei.

A não discriminação decorre do princípio da igualdade. É a igualdade na lei. Discriminação significa tratar diferentemente os iguais.

Rui Barbosa afirma que "a regra da igualdade consiste senão em aquinhoar desigualmente os desiguais, na medida em que sejam desiguais. Nessa desigualdade social, proporcionada à desigualdade natural, é que se acha a verdadeira lei da igualdade. Tratar como desiguais a iguais, ou a desiguais com igualdade, seria desigualdade flagrante, e não igualdade real"[161].

Menciona Celso Antônio Bandeira de Mello que "é agredida a igualdade quando fator diferencial adotado para qualificar os atingidos pelas regras não guarda relação de pertinência lógica com a inclusão ou exclusão do benefício deferido ou com a inserção ou arredamento do gravame imposto"[162].

"De revés, ocorre imediata e intuitiva rejeição da validade à regra que, ao apartar situações para fins de regulá-la diversamente, calça-se em fatores que não guardam pertinência com a desigualdade de tratamento jurídico dispensado"[163].

---

[161] BARBOSA, Rui. *Oração aos moços*. Rio de Janeiro: Casa de Rui Barbosa, 1956, p. 32.

[162] MELLO, Celso Antônio Bandeira de. *Conteúdo jurídico do princípio da igualdade*. 6. ed. São Paulo: Malheiros, 1999, p. 38.

[163] MELLO, Celso Antônio Bandeira de. *O conteúdo jurídico do princípio da igualdade*. 2. ed. São Paulo: Revista dos Tribunais, 1984, p. 47.

Assevera John Rawls que "as imerecidas desigualdades requerem uma compensação e, desde que as desigualdades de nascimento e dons naturais são imerecidas, terão de ser de algum modo compensadas. Assim, o princípio afirma que, visando tratar igualmente todas as pessoas e proporcionar uma autêntica igualdade de oportunidades, a sociedade terá de conceder maior atenção aos que tiverem menos dons naturais e aos que nascerem em posições sociais menos favorecidas. A ideia é compensar as desvantagens rumo à igualdade"[164].

A Constituição, sob certos aspectos, realmente encerra certas contradições.

Homens e mulheres são iguais em direitos e obrigações, nos termos da Constituição (art. 5º, I, da Lei Maior). Logo, se outro dispositivo constitucional previr desigualdade, não se poderá falar em inconstitucionalidade do referido mandamento.

Violará o princípio constitucional da igualdade se o legislador ordinário determinar tratamentos desiguais para duas situações iguais.

Deverá haver igualdade tanto no pagamento de contribuições (art. 150, II, da Constituição), como na concessão de benefícios em relação a pessoas que estejam nas mesmas condições.

A igualdade jurídica é a prevista no ordenamento jurídico.

A Constituição assegura a vedação à discriminação de direitos fundamentais no inciso XLI do art. 5º: a lei punirá qualquer discriminação atentatória dos direitos e liberdades fundamentais.

O art. 7º da Constituição prevê várias hipóteses de tratamento igual ou de não discriminação: XXX - proibição de diferença de salários, de exercício de funções e de critério de admissão por motivo de sexo, idade, cor ou estado civil; XXXI - proibição de qualquer discriminação no tocante a salário e critérios de admissão do trabalhador portador de deficiência; XXXII - proibição de distinção entre trabalho manual, técnico e intelectual ou entre os profissionais respectivos; XXXIII - proibição de trabalho noturno, perigoso ou insalubre a menores de dezoito e de qualquer trabalho a menores de dezesseis anos, salvo na condição de aprendiz, a partir de quatorze anos; XXXIV - igualdade de direitos entre o trabalhador com vínculo empregatício permanente e o trabalhador avulso.

Igualdade formal é a igualdade perante a lei.

Igualdade material é a que abrange o tratamento igual aos iguais e desigual aos desiguais.

---

164 RAWLS, John. *Uma teoria da justiça*. Brasília: Universidade de Brasília, 1981, p. 96.

As pessoas devem ter igualdade de sufrágio. O voto de um operário tem o mesmo valor do voto do rico, do fazendeiro, do industrial etc. *One man, one vote.*

As pessoas devem ter igualdade de oportunidades, como igualdade de acesso à educação, à cultura, às inovações da tecnologia etc.

Deve haver também igualdade econômica, no sentido de que deve existir um padrão mínimo comum para as pessoas.

21.1.11 Democracia e liberdade

Hobbes entende que o homem, no contrato social, despoja-se de toda a liberdade natural para obter a liberdade civil disposta pelo poder público. O Estado passa a ser depositário dos direitos naturais de liberdade, que é exercida em nome dos indivíduos. Não há, portanto, liberdade fora do Estado ou contra o Estado.

Para Montesquieu, a liberdade tem de ser subordinada à previsão da lei: "a liberdade não pode consistir em fazer o que se quer, mas em poder fazer o que deve querer e em não se ser obrigado a fazer o que não se não deve querer. Se um cidadão fosse livre para fazer o que as leis proíbem, já não teria liberdade, porque os outros teriam também esse poder".

Rousseau fez distinção entre liberdade natural e liberdade civil: "o que o homem perde pelo contrato social é a sua liberdade natural, e o que adquire é a liberdade civil. Distingue-se a primeira, que não reconhece limites outros além da força dos indivíduos, da segunda, que está protegida e limitada pela vontade geral".

A Revolução Francesa apresentou a frase liberdade, igualdade e fraternidade (*liberté, egalité e fraternité*).

A Constituição francesa de 1791 adotou o conceito de liberdade de Montesquieu: "a liberdade consiste em poder fazer tudo o que não prejudique a outrem – assim, o exercício dos direitos naturais de cada homem não tem por limites senão aqueles que asseguram aos outros membros da sociedade o gozo destes mesmos direitos. Tais limites não podem ser determinados senão pela lei".

A Constituição girondina de 1793 reafirmou o mesmo conceito com outras palavras: "a liberdade consiste em poder fazer o que não for contrário aos direitos de outrem".

Louis Blanc considera que a liberdade não consiste apenas no direito, mas no poder de ser livre.

Stuart Mill afirma que a liberdade consiste em se poder fazer ou deixar de fazer tudo o que, praticado ou deixado de ser praticado, não desagregue a sociedade nem lhe impeça os movimentos.

De um modo geral, costuma-se dizer que a liberdade de uma pessoa termina onde começa a liberdade do seu semelhante.

Liberdade é poder fazer tudo o que não é proibido por lei e em não fazer o que não é imposto pela lei.

Liberdade objetiva compreende direitos de natureza patrimonial, como direito ao livre exercício de atividades, de inviolabilidade do domicílio, da propriedade.

Liberdade subjetiva diz respeito à personalidade, como livre manifestação do pensamento, livre locomoção.

Liberdade absoluta compreende a liberdade total, a anarquia, não sendo compatível com os interesses da sociedade.

Liberdades relativas são limitadas e condicionadas pelo Estado.

A liberdade de pensamento é assegurada no inciso IV do art. 5º da Constituição: "é livre a manifestação do pensamento, sendo vedado o anonimato".

A liberdade de religião é prevista no inciso VI do art. 5º da Constituição: "é inviolável a liberdade de consciência e de crença, sendo assegurado o livre exercício dos cultos religiosos e garantida, na forma da lei, a proteção aos locais de culto e a suas liturgias".

A liberdade de expressão é determinada no inciso IX do art. 5º da Lei Maior: "é livre a expressão da atividade intelectual, artística, científica e de comunicação, independentemente de censura ou licença".

A liberdade de domicílio é observada no inciso XI do art. 5º da Constituição: "a casa é asilo inviolável do indivíduo, ninguém nela podendo penetrar sem consentimento do morador, salvo em caso de flagrante delito ou desastre, ou para prestar socorro, ou, durante o dia, por determinação judicial".

A liberdade de trabalho é prescrita no inciso XIII do art. 5º da Lei Magna: "é livre o exercício de qualquer trabalho, ofício ou profissão, atendidas as qualificações profissionais que a lei estabelecer".

A liberdade de informação é disciplinada no inciso XIV do art. 5º do Estatuto Supremo: "é assegurado a todos o acesso à informação e resguardado o sigilo da fonte, quando necessário ao exercício profissional".

A liberdade de locomoção é descrita no inciso XV do art. 5º da Lei Maior: "é livre a locomoção no território nacional em tempo de paz, podendo qualquer pessoa, nos termos da lei, nele entrar, permanecer ou dele sair com seus bens".

A liberdade de reunião é prescrita no inciso XVI do art. 5º da Lei Magna: "todos podem reunir-se pacificamente, sem armas, em locais abertos ao público, independentemente de autorização, desde que não frustrem outra reunião anteriormente convocada para o mesmo local, sendo apenas exigido prévio aviso à autoridade competente".

A liberdade de associação é prevista nos incisos XVII, XVIII e XX do art. 5º da Constituição: é plena a liberdade de associação para fins lícitos, vedada a de caráter paramilitar; a criação de associações e, na forma da lei, a de cooperativas independem de autorização, sendo vedada a interferência estatal em seu funcionamento; ninguém poderá ser compelido a associar-se ou a permanecer associado.

A liberdade de filiação ao sindicato é indicada no inciso V do art. 8.º da Lei Máxima, no sentido de que ninguém será obrigado a filiar-se ou a manter-se filiado a sindicato.

21.2 Autocracia

Autocracia é o governo absoluto exercido por uma só pessoa (ditadura pessoal) ou órgão (ditadura partidária). A vontade desse homem é a lei. Na autocracia, existe a centralização da criação das normas. Há concentração do poder nessa pessoa ou órgão.

Os direitos subjetivos individuais das pessoas não são respeitados.

O princípio da legalidade não é observado.

Os governados não têm participação no governo.

São exemplos de autocracia: nos Estados helênicos; na Roma imperial de Cesar; no comunismo da Rússia em 1917.

O fascismo na Itália, em 1922, tinha as características de uma reação sociológica. A ideia é a primazia do social sobre o individual. Na sociedade é identificada a Nação. A Nação é identificada no Estado. O Estado é identificado no Governo. O governo é identificado no seu chefe[165]. Sergio Pannunzio afirma que não era uma ditadura ou uma autocracia, mas estatocracia[166]. Na verdade, era uma ditadura pessoal de Mussolini, que era o próprio Estado.

21.3 Ditadura

Ditadura é o governo do ditador, que estabelece tudo e reúne em si todos os

165 PRÉLOT, Marcel. Le gouvernement fasciste. *Archives de Philosophie de Droit et de Sociologie Juridique*, 3/4:99-115, 1934.

166 PANNUNZIO, Sergio. *Lo stato*. Roma, 1929.

poderes públicos, inclusive legislando. É o que ocorreu nos regimes militares no Brasil e também em outros países da América Latina.

O totalitarismo é uma forma de ditadura que usa a força para impor sua vontade visando realizar os objetivos do Estado. São exemplos o fascismo, o nazismo e o stalinismo.

No despotismo, uma só pessoa governa, sem obedecer a normas, realizando sua vontade e seus caprichos.

21.4 Plebiscito

Plebiscito vem do latim *plebis* (relativo à plebe) e *scitum* (decreto). Sua origem é a *Lex Hortencia* (século IV a.C.), que concedeu aos plebeus o direito de participar do processo político na antiga Roma republicana.

No Direito Romano, o plebiscito era o que a plebe deliberava por proposta do magistrado plebeu.

A *Lex Hortensia* elevou os plebiscitos a fonte autônoma do direito[167]. As altas deliberações sobre o destino da República ficavam para os supremos magistrados oriundos da classe patrícia[168].

Por meio de plebiscito, houve a anexação (*Anschlüs*) da Áustria à Alemanha, em 1938.

Em nosso contexto histórico, a Constituição de 1946 previa o plebiscito para alteração de divisas interestaduais ou intermunicipais, criação de distritos, municípios, comarcas ou Estados. A decisão da assembleia teria de ser aprovada pelas populações interessadas.

Mediante plebiscito, o povo rejeitou em 1963 o regime parlamentarista de governo, que tinha sido adotado em 2 de setembro de 1961, por meio da Emenda Constitucional n. 4.

Hoje, plebiscito é a consulta ao povo sobre assunto de interesse relevante para que manifeste livremente sua opinião sobre o tema. O povo vai opinar sobre uma matéria antes de ser adotada qualquer medida.

Na Itália, a Constituição de 1947 dispõe que cinquenta mil eleitores podem obrigar o parlamento a discutir um projeto de lei oriundo de iniciativa popular (art. 71, *in fine*).

---

[167] BURDESE, Alberto. *Manuale di diritto pubblico romano*. Torino: Utet, 1966, p. 51.

[168] CRESCI SOBRINHO, Elício. *Direito público romano*, p. 191.

A Constituição de Cuba prevê que o projeto de lei deve ser analisado se proposto por dez mil cidadãos (art. 86, *g*).

No Brasil, determinou o art. 2º do Ato das Disposições Constitucionais Transitórias que, em 7 de setembro de 1993, o eleitorado, mediante plebiscito, iria definir a forma (república ou monarquia constitucional) e o sistema de governo (parlamentarismo ou presidencialismo). O resultado foi a república e o presidencialismo.

No âmbito internacional, tem sido usado para a solução de contendas para a criação ou a supressão de Estados por divisão ou por união, visando a fixação das fronteiras.

21.5 Referendo

O referendo, do latim *referendum*, mostra que a pessoa irá referendar, confirmar, aprovar ou rejeitar uma situação que foi submetida a dar sua opinião.

Na Suíça, há a assembleia geral do povo (*Landsgemeinde*), adotada desde o início da Confederação Helvética. Lá, era precedida de uma procissão semicívica ou religiosa. O cidadão comparece com carabinas a tiracolo, mostrando que a liberdade é defendida pelas armas. A reunião é feita uma vez por ano, num domingo de primavera. A *Landsgemeinde* vota leis ordinárias e emendas à Constituição do Cantão, tratados entre os cantões, autorizações para cobrança de impostos e despesas públicas elevadas. É ainda praticada nos Cantões suíços de Glaris, Unterwalden e Appenzell[169].

Assinala Georges Burdeau que a iniciativa popular obriga o parlamento a legislar, porque, se determinado número de cidadãos o exige, um projeto de lei determinado será exposto à Assembleia, que deverá examiná-lo e emitir um parecer[170].

É o procedimento *a posteriori* pelo qual os eleitores irão se pronunciar sobre decisão legislativa. Devem responder sim ou não. Exemplo recente em nossa história foi o de 23 de outubro de 2005, em que o povo teve de se pronunciar sobre a proibição do comércio de armas. Mostra, o referendo, a opinião da maioria das pessoas no país. Serve como pacificação e estabilidade.

---

169 BRIDEL, Marcel. *Précis de Droit Constitutionnel et public Suisse*. Lausenne: Payot, 1959, t. II, p. 95 e s.

170 BURDEAU, Georges. *A democracia*. Lisboa: Publicações Europa/América, 1962, p. 133.

Já foi usado por certos dirigentes de forma abusiva. Napoleão I o usou para fazer aprovar seus atos constitucionais. Hitler valeu-se desse expediente para substituir a Constituição anterior pela sua imposta. A Constituição brasileira de 1937 previa a sua aprovação pelo referendo. De Gaulle usou o instituto na França para aprovar reformas constitucionais antidemocráticas.

Referendum deliberativo é aquele em que a consulta ao povo é posterior à elaboração da lei.

Referendum constituinte designa aquele em que existe necessidade de reforma da Constituição. A Constituição suíça de 1874 dispõe que toda matéria constitucional deve ser submetida a *referendum*.

Referendum legislativo é o que diz respeito a leis ordinárias.

Referendum consultivo é aquele em que o povo tem de opinar sobre a conveniência ou não de certa matéria ser legislada.

21.6 Iniciativa

A iniciativa popular dá a certo número de eleitores o direito de propor emenda constitucional ou projeto de lei.

Foi adotada pela primeira vez pela Constituição de Weimar, de 1919.

É admitida também em alguns Estados americanos. Na iniciativa direta, o projeto de constituição ou de lei ordinária que contém certo número mínimo de eleitores deve ser submetido à votação dos eleitores nas próximas eleições. Já na iniciativa indireta, o Legislativo estadual tem a possibilidade de discutir e votar o proposto pelos eleitores, porém antes que seja submetido à aprovação popular.

De acordo com a Constituição de 1988, a iniciativa popular pode ser exercida pela apresentação à Câmara dos Deputados de projeto de lei subscrito por, no mínimo, um por cento do eleitorado nacional, distribuído pelo menos por cinco Estados, com não menos de três décimos por cento dos eleitores de cada um deles (§ 2º do art. 61 da Constituição).

21.7 Veto popular

O veto popular é a aprovação dentro de certo prazo de um projeto de lei.

Tem certa semelhança com o *mandatory referendum* do direito americano. Os eleitores têm entre 60 e 90 dias para aprovar um projeto do Legislativo.

21.8 *Recall*

O *recall* é usado nos Estados Unidos.

Foi empregado pela primeira vez quando a Suprema Corte passou a anular leis da nova política de Theodore Roosevelt. Este é chamado de *recall* judicial.

É um processo de natureza de plebiscito, em que o povo recusa a decisão judicial e faz prevalecer a determinação da lei julgada inconstitucional. A vontade do povo prevalece.

Foi estendida também para a cassação de mandatos. Por meio de requerimento de determinado número de eleitores o mandato do deputado ou senador é submetido à deliberação do povo, visando a sua ratificação ou cassação.

22 Separação dos Poderes

22.1 Denominação

Normalmente, a expressão empregada é separação dos poderes, embora se fale em divisão de poderes. O poder do Estado é, porém, uno e indivisível.

Leroy-Beaulieu faz referência à distribuição de funções, no sentido de distribuição das diferentes funções do Estado. As funções do Estado são distribuídas a diferentes órgãos, resultando na divisão do trabalho. Ao Estado passaram a ser exercidas certas funções que a sociedade exercia instintivamente e ele organiza com reflexão[171].

Não existe uma separação absoluta dos poderes, mas relativa, pois os poderes são independentes, mas harmônicos entre si.

Há órgãos do Estado que vão exercer funções na sua esfera de competência atribuída a eles pela Constituição e pelas leis.

22.2 Evolução

Nas repúblicas gregas e romanas não havia divisão funcional do poder de governo. As assembleias populares legislavam, executavam e julgavam.

---

171 LEROY-BEAULIEU, Paul. *L'Etat moderne et sés fonctions*, Paris: Guillaumin, 1891, p. 44.

Aristóteles dizia que é injusto e perigoso atribuir a um só indivíduo o exercício do poder[172]. Na *Política*, divide as funções do Estado em: (a) deliberante, que consiste na tomada das decisões pela assembleia dos cidadãos; (b) executiva, em que os magistrados aplicam as decisões; (c) judiciária, de fazer justiça. Fazia referência a legislativo, executivo e administrativo. Os outros dois órgãos, na verdade, eram meras delegações da assembleia dos cidadãos.

Cícero mencionava que "se em determinada sociedade não são divididos equitativamente os direitos, cargos e obrigações, de tal forma que os magistrados tenham poder excessivo, os poderosos excessiva autoridade e o povo exagerada liberdade, não se pode esperar que a ordem estabelecida dure muito tempo"[173].

Em 1324, Marsílio de Pádua escreveu *Defensor Pacis*, fazendo distinção entre o Poder Legislativo e o Poder Executivo. O povo seria o primeiro legislador. O príncipe exerce a função executiva.

Em *O príncipe*, de Maquiavel, verificava-se a afirmação de que na França havia três poderes distintos: o Legislativo (Parlamento), o Executivo (o rei) e um Judiciário independente. Entendia que havia mais liberdade e segurança para o rei. O Judiciário, ao agir em nome próprio, poderia proteger os mais fracos. Assim, se poupava o rei, que não precisaria intervir para solucionar disputas[174].

Jean Bodin entende que deveria haver a separação da administração da justiça das atribuições do rei.

Locke afirma que o Estado tem funções distintas: (a) legislativa, na qual é decidido como a força pública será empregada para proteger a comunidade ou seus membros; (b) executiva, de aplicar a força no âmbito interno; (c) federativa, de os Estados manterem relações entre si, de celebrar acordos, pactos, tratados, convenções. A função legislativa caberia ao Parlamento. A função executiva caberia ao rei. Se se tratasse de guerra e paz, de ligas e alianças e de questões externas ao Estado, seria função federativa. O rei também exercia a função de "poder de fazer o bem público sem se subordinar a regras"[175]. No livro *Ensaios*, ele dizia que "o Poder Legislativo é o que tem o direito de determinar a forma como se deve empregar o poder público para proteger a comunidade e seus membros. As leis podem ser ela-

---

172 ARISTÓTELES. *A política*. Trad. de Nestor Silveira Chaves. Rio de Janeiro: Ed. de Ouro, 1965, Livro III, Cap. XI.

173 CÍCERO, Marco Túlio. *Da República*, cit., Livro II, Título II.

174 MAQUIAVEL, Nicolau. *O príncipe*. XIX.

175 LOCKE, John. *The second treatise of civil government*. Oxford: Basil Blackwell, 1948, XII, XIII e XIV, p. 72, 73 e 80.

boradas em pouco tempo, e assim não é necessário que o Poder Legislativo esteja sempre reunido. Por outro lado, dada a fragilidade humana, grande seria a tentação de abusar do poder se as mesmas pessoas que fazem as leis devessem executá-las. Assim, o Poder Legislativo deve estar separado do Executivo". Entendia que Poder Confederativo era o das relações internacionais. Poder Discricionário dizia respeito às atribuições extraordinárias que o governo exercia de acordo com as leis.

Nos Estados medievais, não havia a divisão em poderes. O poder era exercido pelo monarca, que legislava, executava e julgava os litígios.

Atribui-se a Montesquieu, em *O espírito das leis (1748)*, o princípio da separação dos poderes em: Legislativo, Executivo e Judiciário. Afirmava Montesquieu que "tudo estaria perdido se o mesmo homem, ou o mesmo corpo dos principais, ou dos nobres ou do povo exercesse os três poderes"[176]. "Em todos os Estados existem três espécies de Poder Público: o Poder Legislativo, o Executivo para assuntos externos e o Executivo para a política interna. Por meio do primeiro, o príncipe ou autoridade emite novas leis para certo tempo ou para sempre, e melhora ou derroga as velhas. Pelo segundo, declara a paz ou a guerra, envia embaixadas e as recebe, vela pela segurança e previne os ataques do inimigo. O último é o Poder Judiciário". Este ele considerava, "de certa forma, nulo". O Executivo é dividido em "das coisas que dependem dos direitos das gentes" e "das coisas que dependem do direito civil". O último tem o poder de punir os crimes e julgar os conflitos entre particulares. Chama o último de poder de julgar[177].

"Quando, na mesma pessoa ou no mesmo corpo de magistrados, o Poder Legislativo está unido ao Poder Executivo, não há liberdade, pois é de esperar que o mesmo monarca ou assembleia faça leis tirânicas e as execute tiranicamente. Não há também liberdade, se o poder de julgar não está separado do Poder Legislativo e do Poder Executivo. Se aquele estiver unido ao Poder Legislativo, o poder sobre a vida e a liberdade dos cidadãos será arbitrário, pois o juiz será também legislador. Se o poder de julgar estiver unido ao Poder Executivo, o juiz terá a força de um opressor. Tudo estará perdido se o mesmo homem ou a mesma assembleia de notáveis, ou de nobres ou do povo exerce os três poderes, o de fazer as leis, o de executar as resoluções e o de julgar os crimes ou dissídios dos particulares"[178].

---

[176] *O espírito das leis*. São Paulo: Martins Fontes, 2000, p. 168.

[177] MONTESQUIEU. *O espírito das leis*, cit., Livro XI, cap. VI.

[178] Idem, ibidem.

Depois, Montesquieu reduz os poderes para dois (Legislativo e Executivo). Montesquieu afirma que "o poder deve conter o poder" (*le pouvoir arrête le pouvoir*). Deve haver um equilíbrio entre os poderes estatais. Para ele, deveria existir um órgão próprio para cada função. O Poder Executivo deve ser exercido pelo rei, pois uma única pessoa pode fazer melhor do que várias, pois esse poder deve atuar com presteza.

A Declaração de Direitos de Virgínia, de 1776, estabelecia no seu § 5º que "os poderes executivo e legislativo do Estado deverão ser separados e distintos do judiciário".

James Hamilton, Alexander Madison e John Jay adaptaram as ideias de Montesquieu para os Estados Unidos, no sentido de que não pode haver a concentração dos três poderes num só órgão, pois representaria a tirania. "Quando na mesma pessoa ou corporação, o poder legislativo se confunde com o executivo, não há mais liberdade. Os três poderes devem ser independentes entre si, para que se fiscalizem mutuamente, coíbam os próprios excessos e impeçam a usurpação dos direitos naturais inerentes aos governados. O Parlamento faz as leis, cumpre-as o executivo e julga as infrações delas o tribunal. Em última análise, os três poderes são os serventuários da norma jurídica emanada da soberania nacional"[179]. Madison afirmou que "a acumulação de todos os poderes, legislativos, executivos e judiciais, nas mesmas mãos, sejam estas de um, de poucos ou de muitos, hereditárias, autonomeadas ou eletivas, pode-se dizer com exatidão que constitui a própria definição da tirania"[180].

A Constituição dos Estados Unidos de 17 de setembro de 1787 prevê o Legislativo no art. 1º, o Executivo no art. 2º, o Judiciário no art. 3º. Não admite interferências recíprocas nem transferências de poderes, mesmo que parcial ou temporária.

A Declaração dos Direitos do Homem e do Cidadão, de 1789, é resultado da luta da burguesia contra os privilégios do clero e da nobreza. Afirmava que "toda sociedade na qual não está assegurada a garantia dos direitos nem determinada a separação dos poderes, não tem Constituição" (art. 16). A Revolução Francesa entendia que havia a separação absoluta dos poderes, de modo que os três poderes não se limitavam de forma recíproca.

A Constituição francesa de 1791 consagrou a tripartição dos poderes, porém o Poder Judiciário era delegado a juízes temporários eleitos pelo povo (art. 5º). A eleição de juízes ocorreu na França entre 1790 a 1800. Os tribunais não podem

---

179 *Federalist papers*, 1787.

180 *O federalista*, XLVII.

imiscuir-se no exercício do Poder Legislativo, ou suspender a execução das leis, nem interferir nas funções administrativas, ou citar perante eles os administradores em razão de suas funções (art. 3º, V).

Immanuel Kant, em *Princípios metafísicos da teoria do direito* (1797), viu nos três poderes três proposições de um silogismo prático: a maior, contendo a lei de uma vontade; a menor, a ordem de conduzir-se de acordo com a lei; a conclusão, a sentença, que decide o que é direito no caso de agir. Os três poderes são coordenados e se completam, mas são independentes. Suas características são: o Legislativo é irrepreensível; o Executivo é irresistível; o Judiciário é inapelável.

A Constituição francesa de 1848 afirmou que "a separação dos poderes é a primeira condição de um povo livre".

Saint Girons entende que é preciso distinguir apenas dois poderes: Legislativo e Executivo. O Executivo se divide em justiça, governo e administração[181].

Benjamin Constant admitia cinco poderes: real, executivo, representativo de duração, representativo de opinião e judiciário.

Georges Burdeau divide as funções do Estado em: (a) governamental, que é a manifestação do poder condicionada pela Constituição; e (b) administrativa, que consiste em tomar decisões.

Karl Loewenstein divide a função do Estado em: (a) *policy determination*, que é a função governamental; (b) *policy execution*, que é a função administrativa, de execução; e (c) *policy control*, que compreende o controle político, que é feito pelo Parlamento e o controle formal, que é feito pelo Judiciário[182].

O regime de concentração de poderes ocorria no sistema soviético, em que o Soviet Supremo concentrava todo o poder nas ditaduras.

É a contenção do poder pelo próprio poder, que os americanos chamam *checks and balances* (freios e contrapesos).

Falava-se num quarto poder, que seria ou real, ou moderador. O Poder Moderador foi previsto no Brasil na Constituição de 1824, em que o art. 98 determinava que ele "é a chave de toda a organização política e é delegado privativamente ao imperador, como chefe supremo da nação e seu primeiro representante, para que incessantemente vele sobre a manutenção da independência, equilíbrio e harmonia dos demais poderes políticos". Hoje, não mais existe o Poder Moderador.

---

181 GIRONS, Antoine Saint. *Essai sur la separation des pouvoirs dans l'ordre politique administratif e judiciaire*. Paris: L. Larose, 1881, p. 135-137.

182 *The political power and the governmental process*. 3. ed. Chicago, 1965, p. 42 e s.

A Constituição de 1824 fazia referência a que "a divisão e harmonia dos poderes políticos é o princípio conservador dos direitos dos cidadãos, e o mais seguro meio de fazer efetivas as garantias que a Constituição oferece" (art. 9º).

O Poder Legislativo elabora as leis. É também chamado de Parlamento, Congresso e Assembleia. Está limitado pela Constituição para elaborar as leis.

O Poder Executivo administra ou executa, aplicando a lei elaborada pelo Poder Legislativo.

O Poder Judiciário julga, de acordo com a previsão da Constituição e das leis, interpreta as leis e distribui justiça. O Poder Judiciário tem jurisdição, que é o poder de dizer o direito no caso concreto que lhe for submetido à apreciação. Os juízes podem ser: (a) eleitos, como ocorre em alguns estados dos Estados Unidos; (b) eleitos pelos legisladores; (c) nomeados pelo chefe do Poder Executivo, após passarem em concurso público para o início da carreira e a promoção ser feita alternadamente por merecimento e antiguidade; (d) nomeados pelo chefe do Executivo, com aprovação prévia de um órgão legislativo. Em nossa ordem constitucional, os membros do Poder Judiciário têm prerrogativas para o exercício de suas funções: (a) vitaliciedade, que, no primeiro grau, só será adquirida após dois anos de exercício, dependendo a perda do cargo, nesse período, de deliberação do tribunal a que o juiz estiver vinculado, e, nos demais casos, de sentença judicial transitada em julgado (art. 95, I, da Constituição); (b) inamovibilidade, salvo por motivo de interesse público. O ato de remoção, disponibilidade e aposentadoria do magistrado, por interesse público, fundar-se-á em decisão por voto da maioria absoluta do respectivo tribunal ou do Conselho Nacional de Justiça, assegurada ampla defesa; e (c) irredutibilidade de subsídios.

A separação dos poderes não é absolutamente rígida, mas relativa, de acordo com as atribuições que são fixadas aos poderes. Melhor seria dizer separação de funções. O poder é uno. É repartido o exercício do poder. Kelsen dizia que há unidade do poder estatal e pluralidade das suas formas de manifestação. Kant afirmava que o poder do Estado é uno e trino ao mesmo tempo, parodiando o dogma da Santíssima Trindade.

No Brasil, são poderes da União, independentes e harmônicos entre si, o Legislativo, o Executivo e o Judiciário (art. 2º da Constituição).

É considerada cláusula pétrea a hipótese do § 4º do art. 60 da Constituição, que dispõe: "não será objeto de deliberação a proposta de emenda tendente a abolir: I – a forma federativa de Estado; II – o voto direto, secreto, universal e periódico; III – a separação dos Poderes; IV – os direitos e garantias individuais".

23 Sistemas Eleitorais

23.1 Etimologia

Sufrágio vem do latim *suffragium*, que significa favorecer, interceder, aprovar por votos. No Direito Público, sufrágio significa a manifestação de vontade do povo para escolher seus representantes, por intermédio do voto.

Sufrágio tem sido utilizado como gênero, como a possibilidade de exercer o direito de voto. Por sua vez, voto é usado como o exercício do direito.

23.2 Sufrágio universal

Maurice Hauriou afirma que o sufrágio é a organização política do assentimento.

Sufrágio universal deveria ser a extensão do direito de voto a todo o universo de habitantes do país. Na verdade, é a extensão do direito de voto a todos os adultos, sem distinção de raça, de sexo, de crença ou de posição econômica ou social. Seria a possibilidade do direito de voto ser exercido por todos os habitantes do país.

No Brasil, o sufrágio pode ser exercido, de forma facultativa, para pessoas maiores entre 16 anos e 18 anos (§ 1º do art. 14 da Constituição). Não podem votar os estrangeiros, enquanto não se naturalizarem, e os conscritos (recrutados) no período do serviço militar obrigatório (§ 2º do art. 14 da Constituição).

Os analfabetos têm a faculdade de votar (art. 14, § 1º, II, *a*, da Constituição). Não tem, portanto, obrigação de votar. O analfabeto pode ter bom-senso para escolher o melhor candidato. Entretanto, pode não ter entendimento suficiente para saber qual é a melhor proposta do candidato. Não sabendo ler e escrever, não pode saber o andamento das questões políticas e sociais e, ainda, está sujeito à fraude na ocasião de votar por parte de candidatos que lhe dão presentes em troca do seu voto.

Exigir do eleitor que tenha certo grau de instrução, como ensino médio ou superior, é o que se chama de censo alto ou sufrágio de qualidade.

O sufrágio igualitário significa o mesmo valor para cada voto. Tanto tem um voto o operário, como o milionário. Gladstone afirmava: *one man, one vote.*

O voto de qualidade existe na Inglaterra desde 1918. A pessoa que tiver certo nível de cultura, como certo grau universitário, é chamado de eleitor de universidade, tendo direito ao voto duplo.

O voto a partir de certa idade parte do pressuposto de que a pessoa só tem plena capacidade de entender o que existe na sociedade e votar a partir de certa idade, como a partir de 18 anos.

Na Inglaterra, lei de 6 de fevereiro de 1918 permitiu o direito de voto às mulheres a partir de 30 anos. Os homens votavam desde os 21 anos.

O voto secreto permite que o eleitor tenha mais liberdade no exercício do voto e reduz as possibilidades de corrupção. Ele passou a existir a partir de 1872.

O voto é um direito individual da pessoa. Representa também uma função social. Duguit afirma que o eleitor, ao mesmo tempo em que é titular de um direito, é investido de uma função pública.

Na eleição direta, o povo elege diretamente seus representantes.

A eleição indireta nos Estados Unidos é feita por meio do povo, que escolhe em cada Estado as pessoas que irão eleger o Presidente. Todos os votos do Estado são dados ao nome mais votado no Estado. É eleito quem obtiver a maioria absoluta dos votos nos Estados. Nas eleições para presidente dos Estados Unidos em 2016, Hillary Clinton teve dois milhões de votos a mais que Donald Trump, porém este ganhou num número maior de Estados e foi eleito presidente.

Sufrágio direto, para Rousseau, é uma parte ou fração da própria soberania. "O voto é um direito que ninguém pode subtrair aos cidadãos". Nos países em que o voto não é obrigatório, o sufrágio é um direito subjetivo, que a pessoa tem a faculdade ou não de exercê-lo.

Sieyès faz referência ao sufrágio-função. O eleitor não exerce uma faculdade, mas cumpre uma função inafastável, compulsória: a de votar, que expressa a soberania nacional.

23.3 Sufrágio censitário

Censitário vem de censo, que era a função dos censores, na Roma republicana, e que compreendia a aferição do número de pessoas, semoventes e dos bens de cada cidadão.

No sufrágio censitário somente quem recolher tributos aos cofres públicos em determinada soma mínima fixada em lei, tenham uma renda estabelecida, ou sejam proprietários de imóveis, é que pode votar.

Na Inglaterra, a partir de 1832, somente os proprietários de terras é que poderiam votar.

O Japão também tinha esse sistema, mas foi abolido em 1925.

A Constituição de 1824 excluía do direito de voto a pessoas que não tivessem uma renda anual mínima (arts. 92 e 94).

É o que também se chama de sufrágio por motivo de ordem econômica. São usados os seguintes argumentos para a adoção do referido sistema: (a) somente as pessoas que têm certa situação econômica é que podem votar, como os proprietários de imóveis, pois querem escolher um bom governo para a proteção da sua propriedade; (b) as pessoas são preocupadas com a ordem, pois desejam preservar a sua situação econômica e a sua propriedade; (c) são os que pagam impostos e devem escolher de forma cuidadosa as pessoas que irão utilizar os recursos públicos; (d) como não precisam trabalhar muito tempo para se sustentar, pois vivem do rendimento da propriedade, podem se dedicar a assuntos políticos. Na verdade, o fato de a pessoa ser proprietária não significa que tem melhores condições de escolher os governantes, pois pode não ter nenhuma.

23.4 Sufrágio cultural

No sufrágio cultural, o direito de voto é exercido por pessoas que tenham certo grau de instrução.

Na Itália, a lei eleitoral de 1882 exigia instrução elementar para poder votar.

Em alguns Estados americanos é exigida a capacidade de ler e explicar a Constituição para poder votar.

23.5 Sufrágio por motivo de sexo

A mulher, como o homem, é uma pessoa totalmente capaz. Paga impostos como qualquer outra pessoa. Só deve ser diferenciada do homem em questões que lhe são peculiares, como na maternidade, na amamentação, na elevação de pesos etc. No mais, deve ter os mesmos direitos, inclusive de voto. Nem sempre, porém, isso foi assim.

Nos Estados Unidos, no Estado de Wyoming, o voto feminino existe desde 1869. Em 1920, a Constituição nos Estados Unidos proibiu a restrição de direitos políticos por motivo de sexo. Na Nova Zelândia, existe desde 1892; na Austrália, desde 1914; no Canadá, desde 1918; na Inglaterra, desde 1928; na Itália, desde 1945; na França, desde 23 de março de 1944; na Argentina, desde 1947; na Suíça, desde 1971; em Portugal, desde 1974.

Existe no Brasil, o voto feminino, desde a Constituição de 1934. Antes disso, só votavam os homens.

23.6 Voto

Quanto à forma de expressão, o voto pode ser direto ou indireto. O voto direto é usado para a escolha de Presidente, senadores, deputados federais, governadores, deputados estaduais, prefeitos, vereadores. É o adotado pela Constituição de 1988 (art. 14, *caput*).

O voto indireto era usado para a escolha de Presidente da República até a vigência da Emenda Constitucional n. 25, de 15 de maio de 1985. Tancredo Neves foi o último presidente eleito pelo voto indireto.

O voto pode ser secreto ou aberto. O voto secreto é usado para evitar pressões na hora de voto do eleitor.

O voto aberto pode ser escrito ou verbal.

O voto pode ser livre e compulsório. A obrigação de votar foi inaugurada na Bélgica em 1893.

No voto distrital, o eleito vota em candidatos do seu distrito eleitoral. A ideia seria compatibilizar população e território.

O voto cumulativo foi idealizado por Marshall. Ocorre quando o eleitor pode dispor de tantos votos quantos são os candidatos a eleger e distribuir os votos de acordo com a sua preferência.

23.7 Representação

A teoria do mandato imperativo é originária do liberalismo clássico. O representante eleito deveria comparecer nas assembleias e votar de acordo com as estritas instruções recebidas de seus eleitores, sob pena de revogação do mandato.

Sieyès e Rousseau adotaram a teoria clássica de representação política nacional. O titular do mandato representa o povo na sua totalidade e não os grupos das regiões ou distritos. Não precisa de qualquer consulta. O candidato, ao ser eleito, aceita o programa pessoal de ação.

A teoria do mandato imperativo nasceu nos estados gerais, em que os deputados eram mandatários das pessoas que os elegiam. Os deputados representavam cada circunscrição ou grupo de eleitores e não a nação. Eram estabelecidas instruções aos representantes por meio dos *cahiers de doléances*, que eram as atas de reuniões em que os votantes escolhiam os seus representantes. Os deputados poderiam ter de suspender as sessões pelo tempo necessário para que recebessem as instruções das suas circunscrições eleitorais. Os mandatos poderiam ser revogados pelos eleitores. Os representantes tinham de prestar contas.

A teoria do mandato representativa, nacional ou livre entende que o representante, senador ou deputado, é da nação. A nação delega o exercício do poder aos representantes. A escolha é feita por colégios eleitorais.

A teoria dos órgãos de representação, da Alemanha, entende o Estado como uma unidade corporativa. Gierke foi seu idealizador. A vontade dos órgãos é a vontade do Estado. Segundo Jellinek, "os corpos representativos são órgãos da vontade do povo". Cada coletividade social é uma pessoa jurídica, que tem vontade própria. A vontade da coletividade é diferente da vontade dos componentes da organização. Órgãos diretos são os fundamentais ao Estado, em que.se observa a sua estrutura e o seu funcionamento. São órgãos indiretos ou mediatos os que representam uma comissão individual. Os órgãos não existem isoladamente sem o Estado. O Estado e seus órgãos se confundem, pois estes não têm direitos próprios. O órgão seria o instrumento da expressão da vontade do Estado. Na verdade, só o indivíduo tem vontade e não o órgão do Estado. O Estado é dirigido pelos indivíduos.

A teoria da investidura, idealizada por Maurice Hauriou, informa que a representação política não implica nenhuma transmissão substancial do poder soberano: "delegar alguém é enviá-lo, é conferir-lhe um poder, enquanto investir alguém é dizer-lhe: exercereis o vosso poder próprio, por uma capacidade que vos compete, mas o fareis em meu nome e no meu interesse....". "A base da investidura difere daquela da delegação no que esta implica uma transmissão de poder: delegar a alguém, é mandá-lo em lhe conferindo um poder; investir alguém, é dizer-lhe: vós exercereis vosso poder próprio, mas o exercereis em meu nome e em meu interesse".[183] A nação é governada em vez de governar-se. Não

[183] HAURIOU, Maurice. *Príncipes de droit public*. 2. ed. Paris: Sirey, 1916.

são transmitidos poderes como na delegação. O candidato vai ocupar o seu próprio poder, por meio da sua própria capacidade, embora em nome e no interesse do eleitorado.

Paulino Jacques fala em teoria do mandato condicionado. Os representantes políticos, eleitos por meio dos partidos, não podem abandonar os programas das entidades políticas a que pertencem, nem exercer o mandato se o partido ao qual são filiados desaparecer[184].

A teoria da solidariedade social é apresentada por Léon Duguit. A base da sua teoria é a solidariedade, a interdependência dos representantes e dos representados. Faz distinção entre duas espécies de solidariedade. "Solidariedade por similitudes: representantes e representados têm necessidades comuns e aspirações idênticas, porque eles tendem uns e outros à manutenção e ao acréscimo da força política que lhes pertence. Solidariedade por divisão do trabalho: representados e representantes são ligados pela reciprocidade de funções e de serviços: os representados fornecem o elemento que produz e mantém a força governante; é somente em se apoiando sobre eles que os representantes podem impor sua vontade aos governados; e de outra parte, os representantes só podem exercer as funções estatais em nome dos representados, sem o que não o poderiam ou não poderiam senão imperfeitamente"[185]. Há uma permuta de serviços entre representantes e representados. Os representantes fornecem a força e, os representados, o exercício das funções estatais. A relação que se estabelece entre representante e representado é objetiva e legal.

A Constituição francesa de 1791 previa que "os representantes eleitos nos departamentos não serão representantes de um departamento, mas de toda a nação" (título III, cap. I, art. 7).

A pessoa eleita pelo povo exerce um mandato de direito público e não um mandato como um contrato de direito privado, previsto no Código Civil.

O mandato civil é revogável. No mandato eletivo, o parlamentar não pode ser destituído do cargo por seus eleitores, se ele contraria o pensamento dessas pessoas.

A Constituição do Estado do Rio Grande do Sul, de 14 de julho de 1891, previa, porém, a revogação do mandato de deputado à Assembleia dos Representantes e dos Intendentes Municipais.

---

184 JACQUES, Paulino. *Democracia parlamentar*. Rio de Janeiro, 1947, p. 96.

185 DUGUIT, Léon. *Traité de droit constitutionnel*. Paris. Fontemoing, v. I, p. 297 e s.

No mandato civil, o mandatário só pode agir de acordo com os poderes que o mandante lhe concedeu. São nulos os atos praticados com excesso de mandato. O excesso de poderes exercido pelo parlamentar não torna nulo o mandato.

Na representação majoritária, somente o grupo majoritário elege representantes. Não importa quantos são os partidos. Se a eleição é de um só turno, é eleito quem mais votos tiver. Como muitas vezes os candidatos não têm maioria de votos, há um segundo turno com apenas os dois mais votados. No segundo turno, será eleito o candidato que mais votos tiver entre os dois candidatos mais votados no primeiro turno.

Na representação proporcional, todos os partidos têm direito à representação, estabelecendo-se uma proporção entre o número de votos recebidos pelo partido e o número de cargos obtidos. É o sistema estabelecido para vereadores, deputados estaduais e federais.

No sistema de distritos eleitorais, o colégio eleitoral é dividido em distritos, devendo o eleitor votar apenas no candidato do seu distrito. Na Inglaterra, na primeira parte do século XIX, os distritos elegiam vários candidatos e o eleitor tinha o voto múltiplo, no sentido de votar em tantos cargos a serem preenchidos.

O sistema distrital misto compreende certo número de cargos para serem preenchidos por meio de votação de qualquer parte do Estado.

Nas sublegendas, o partido pode apresentar vários candidatos ao mesmo cargo. São contados todos os votos das sublegendas para o partido. É considerado eleito o candidato mais votado.

24 Representação Política

24.1 Introdução

Na Idade Média já eram observadas manifestações de cunho partidário, como a luta entre o partido Guelfo, favorável à manutenção do Papa, e os Gibelinos, que eram adeptos do Imperador.

As Repúblicas antigas também tinham facções, às quais era dado o nome de partido. O mesmo se observava em relação às clãs, que se agrupavam ao redor de um condutor, na Renascença italiana.

Hobbes, em *De cive*, asseverou que a divisão da sociedade em partidos geraria a revolta e a guerra civil.

Edmund Burke, em 1770, traz a noção de partido político como grupo de pessoas que se unem para promover, num processo de cooperação, o interesse nacional, por meio do emprego de um processo específico, com o qual todos os seus membros se acham de acordo.

Georges Burdeau define partido político como a associação de caráter político organizada para dar forma e eficácia a um poder de fato.

Pinto Ferreira leciona que partido político "é uma associação de pessoas que, tendo a mesma concepção de vida sobre a forma ideal da sociedade e do Estado, se congrega para a conquista do poder político a fim de realizar determinado programa"[186].

---

[186] FERREIRA, Luis Pinto. *Teoria geral do Estado*. São Paulo: Saraiva, 1975, v. 2, p. 710.

Aos partidos políticos era atribuída a natureza jurídica de pessoa jurídica de direito privado.

Santi Romano e Biscaretti de Ruffia entendiam que os partidos políticos têm natureza de entes auxiliares do Estado. Biscaretti di Ruffia leciona que são "entidades sociais tendentes a transformarem-se em instituições".

Manoel Gonçalves Ferreira Filho assevera que os partidos políticos são instituições, dotadas de personalidade jurídica e pertencentes ao direito público interno[187].

24.2 Classificação

Quanto à organização interna, os partidos podem ser de quadros e de massas.

Partidos de quadros não estão interessados na qualidade dos seus membros. Não têm interesse em atrair um grande número de pessoas. Sua ideia é deter figuras notáveis, que possam influir no prestígio do país.

Partidos de massas são os que têm por objetivo a obtenção do maior número de adeptos possível. Não faz distinção. Pessoas de capacidade econômico inferior podem participar deles e chegar ao governo[188].

Quanto à organização externa, os partidos podem ser divididos em razão do número de partidos existentes no Estado.

No partido único, existe um único partido no Estado. Muitas vezes isso ocorre em regimes totalitários ou antidemocráticos. Como exemplo, cite-se o partido único da URSS.

No sistema bipartidário, há apenas dois grandes partidos, que se alternam no governo. Nos Estados Unidos, são exemplos o Partido Republicano, que surgiu em 1854, e o Partido Democrata. No Brasil, na época da ditadura militar havia apenas a Aliança Renovadora Nacional (Arena) e o Movimento Democrático Brasileiro (MDB).

No sistema pluripartidário, há vários partidos que podem se revezar no poder. Na Inglaterra, são os Partidos Trabalhista, Conservador e Liberal.

Quanto à vocação universal, os partidos podem ser nacionais, regionais ou locais.

---

187 FERREIRA FILHO, Manoel Gonçalves. *Os partidos políticos nas Constituições democráticas*. Belo Horizonte: RBPEP, 1966, p. 71.

188 DUVERGER, Maurice. *Sociologie politique*. Paris: Presses Universitaires de France, 1966, p. 358.

Partidos nacionais são os que estão presentes em todo o território do Estado.

Partidos regionais existem apenas no âmbito de certa região ou Estado-membro.

Partidos locais ou municipais são os que existem apenas em certo local ou em certos municípios, mas não têm âmbito estadual. Têm por objetivo ser vencedor apenas no âmbito de algum Município.

Medieta y Nuñes divide os partidos políticos em: (a) direitistas; (b) esquerdistas; (c) centristas[189]. Essa divisão, apesar de ser simplista, é realista. Partidos de direita são os partidos tradicionais, conservadores, como o Partido Conservador inglês. Partidos esquerdistas são os que pretendem renovação, mudança, transformação das instituições em favor das pessoas mais simples e pobres, como o Partido Trabalhista inglês, os Partidos Trabalhista, Socialista, Comunista, no Brasil. Partidos centristas são os que ficam no centro, sem penderem para qualquer um dos lados, como o Partido Liberal inglês.

No Brasil, vigora o pluralismo político (art. 1º, V, da Constituição). É livre a criação, fusão, incorporação e extinção de partidos políticos, resguardados a soberania nacional, o regime democrático, o pluripartidarismo, os direitos fundamentais da pessoa humana e observados os seguintes preceitos: I - caráter nacional; II - proibição de recebimento de recursos financeiros de entidade ou governo estrangeiros ou de subordinação a estes; III - prestação de contas à Justiça Eleitoral; IV - funcionamento parlamentar de acordo com a lei (art. 17 da Constituição).

Os partidos políticos adquirem personalidade jurídica na forma da lei civil, e registrarão seus estatutos no Tribunal Superior Eleitoral (§ 2º do art. 17 da Constituição).

Têm direito os partidos políticos a recursos do fundo partidário e acesso gratuito ao rádio e à televisão, na forma da lei (§ 3º do art. 17 da Constituição).

É assegurada aos partidos políticos autonomia para definir sua estrutura interna, organização e funcionamento, e para adotar os critérios de escolha e o regime de suas coligações eleitorais, sem obrigatoriedade de vinculação entre as candidaturas em âmbito nacional, estadual, distrital ou municipal, devendo seus estatutos estabelecer normas de disciplina e fidelidade partidária.

Os partidos políticos, após adquirirem personalidade jurídica, na forma da lei civil, registrarão seus estatutos no Tribunal Superior Eleitoral.

---

189 MENDIETA Y NUÑES. *Los partidos políticos*. México: Universidade do México.

Os partidos políticos têm direito a recursos do fundo partidário e acesso gratuito ao rádio e à televisão, na forma da lei.

É vedada a utilização pelos partidos políticos de organização paramilitar (§ 4º do art. 17 da Constituição).

25

O Estado e as Corporações

25.1 Histórico

As corporações de ofício foram suprimidas com a Revolução Francesa, em 1789, pois foram consideradas incompatíveis com o ideal de liberdade do homem. Dizia-se, na época, que a liberdade individual repele a existência de corpos intermediários entre indivíduo e Estado. Outras causas da extinção das corporações de ofício foram a liberdade de comércio e o encarecimento dos produtos das corporações.

A Lei Le Chapelier, de 1791, proibia o restabelecimento das corporações de ofício, o agrupamento de profissionais e as coalizões, eliminando as corporações de cidadãos. Determinava a Lei Le Chapellier: "(1) A eliminação de toda espécie de corporação de cidadãos do mesmo estado ou profissão é uma das bases essenciais da Constituição francesa, ficando proibido o seu restabelecimento sob qualquer pretexto e sob qualquer forma; (2) os cidadãos do mesmo estado social ou profissão, os obreiros e companheiros de uma arte qualquer, não poderão, quando se reunirem, designar presidente, secretário ou síndico, lavrar registro, tomar resoluções, sancionar regulamentações sobre seus pretensos direitos comuns; (3) fica proibido a todas as corporações administrativas ou municipais receber qualquer solicitação ou petição sob o nome de um estado social ou profissão, nem poderão respondê-la; estão obrigadas a declarar nulas as resoluções que foram tomadas".

Surge o corporativismo na metade do século XIX com o fim de organizar os interesses divergentes da Revolução Industrial.

Leão XIII observou, na Encíclica *Rerum Novarum* que "o século passado destruiu, sem substituir por coisa alguma, as corporações antigas, que eram para os trabalhadores uma proteção; todo o princípio religioso desapareceu das leis e das instituições públicas, e assim, pouco a pouco, os trabalhadores, isolados e sem defesa, têm-se visto, com o decorrer do tempo, entregues à mercê de senhores desumanos e à cobiça de uma concorrência desenfreada". "Tudo quanto se pode dizer, em geral, é que se deve tomar como regra universal e constante o organizar e governar por tal forma as corporações, que proporcionem a cada um dos seus membros os meios aptos para lhe fazerem atingir, pelo caminho mais cômodo e mais curto, o fim que elas se propõem, e que consiste no maior aumento possível dos bens do corpo, do espírito e da fortuna".

A Constituição de Weimar, de 11 de agosto de 1919, previa que "os operários e empregados devem colaborar com os patrões, em pé de igualdade, na fixação dos salários e condições de trabalho, bem como no desenvolvimento das forças econômicas produtoras. As organizações patronais e operárias e os contratos por elas firmados serão legalmente reconhecidos".

"Os operários e empregados designarão, para velar pelos seus interesses sociais e econômicos, representantes que formarão os conselhos operários de empresas, conselhos operários de distrito formados nas regiões econômicas e um conselho operário do Estado.

"Para o desempenho de todas as funções econômicas e para colaborar na execução das leis de socialização, os conselhos operários de distrito e o conselho operário do Estado, reunir-se-ão aos representantes dos empregadores e de outros interessados para formar conselhos econômicos de distrito e um conselho econômico do Estado. Os conselhos econômicos de distrito e o conselho econômico do Estado devem ser constituídos de modo que todos os grupos profissionais importantes sejam representados na medida da sua importância econômica e social.

"O governo do Reich, antes de apresentar os projetos de leis que interessem a política econômica e social, devem submetê-los ao parecer do conselho econômico do Estado. Este terá também iniciativa de propostas de lei sobre a mesma matéria. O governo do Reich, mesmo que não aprove essas propostas deve submetê-las ao Parlamento, com o seu parecer. O conselho econômico do Estado pode enviar um representante para defender as suas propostas perante o Parlamento" (art. 165).

Em 1925, a França instituiu um Conselho Nacional Econômico parecido com o sistema alemão.

A Espanha proclamou a república e instituiu um Senado eleito por várias associações de classe. Sua Constituição da época previa que ela era "uma república de trabalhadores" (art. 1º).

O corporativismo visava organizar a economia em torno do Estado, promovendo o interesse nacional, além de impor regras a todas as pessoas. Havia centralização do poder no Estado. Tinha por objetivo substituir o Estado liberal.

25.2 Denominação

A expressão Direito Corporativo foi utilizada em países onde houve a observância do regime totalitário fascista, como em Portugal ou na Itália.

Entre as diversas afirmações sobre o corporativismo, Louis Baudin mostra que a palavra corporação é assemelhada "a uma etiqueta aposta sobre um lote de garrafas distribuídas entre produtores, nas quais cada um tivesse derramado uma bebida diferente". Eram várias, portanto, as concepções do corporativismo.

25.3 Conceito

François Perroux define o corporativismo como "o regime que, dentro do sistema capitalista, com o fim de corrigir os erros e os abusos, organiza a colaboração do elemento patronal e do elemento operário". Em sentido estrito, o conceitua como "o regime em que a corporação fixa pelo caminho da decisão autoritária os preços de produtos e de serviços, em vez de deixar entregues à livre concorrência".

O referido conceito confunde o corporativismo com a política do Estado de intervenção no mercado.

Entretanto, o corporativismo tem a característica de estabelecer uma economia dirigida, por meio de órgãos do Estado. É, assim, um sistema econômico. Visa a implantação de um Estado forte.

25.4 Espécies

Corporativismo autoritário, totalitário, vertical ou de Estado é uma forma de reação ao movimento sindicalista. A corporação é um mero braço econômico do Estado.

Corporativismo horizontal, personalista ou de associação é aquele em que o Estado funciona com mero árbitro entre as corporações (Renné Gonnard).

25.5 Itália

Na Itália, a Carta del Lavoro, de 1927, instituiu um sistema corporativista-fascista, que inspirou outros sistemas políticos, como os de Portugal, da Espanha e, especialmente, do Brasil.

O Estado interferia nas relações entre as pessoas com o objetivo de poder moderador e organizador da sociedade. Nada escapava à vigilância do Estado, nem a seu poder.

O Estado regulava, praticamente, tudo, determinando o que seria melhor para cada um, organizando a produção nacional. O interesse nacional colocava-se acima dos interesses dos particulares.

Mussolini dizia, na época: "Tudo no Estado, nada contra o Estado, nada fora do Estado" (*Tutto nello Stato, niente contro lo Stato, nulla al di fuori dello Stato*). As diretrizes básicas do corporativismo eram: (a) nacionalismo; (b) necessidade de organização; (c) pacificação social; (d) harmonia entre o capital e o trabalho. A estrutura do sistema era: sindicato único, reconhecido pelo Estado, que era uma *longa manus* do próprio Estado. Só era reconhecido o sindicato que tivesse representação sobre 10% dos empregados e empregadores. Os Sindicatos unidos formavam 12 grandes corporações, seis de patrões e seis de operários; sindicatos por categorias econômicas e profissionais; *contributo sindacale*, de forma a custear as atividades sindicais; contrato coletivo do trabalho, firmado pelos sindicatos; proibição da greve, por ser elemento antissocial e prejudicial à produção; em razão da proibição da greve, havia o poder normativo da Justiça do Trabalho, para impor condições de trabalho nos conflitos coletivos; Magistratura do Trabalho para resolver questões entre empregados e empregadores, que era um órgão pertencente ao Poder Executivo.

O Conselho Nacional das Corporações era o órgão de cúpula. Apareceu em 1928, como órgão consultivo do Ministério das Corporações. O regime corporativo era dependente do Grande Conselho fascista.

O corporativismo italiano era totalitário e ainda tinha por base a unificação da produção e não só do trabalho. Dizia respeito, principalmente, à organização da ação do Estado de forma a desenvolver a economia.

25.6 Portugal

O corporativismo português era um corporativismo personalista ou de associação. O art. 5º da Constituição portuguesa de 11 de abril de 1933 previa que

Portugal era "uma república unitária e corporativa, baseada na igualdade dos cidadãos perante a lei, no livre acesso de todas as classes aos benefícios da civilização e na intervenção de todos os elementos estruturais da Nação na vida administrativa e na elaboração das leis".

Dispõe o art. 103 que cabe à Câmara Corporativa dar informações e parecer sobre todas as propostas e projetos de lei, que sejam apresentados à Assembleia Nacional, antes de ser entregue à discussão nesta.

Ao lado da Assembleia Nacional funcionava uma Câmara Corporativa, composta de representantes das autarquias locais e dos interesses sociais, considerados estes em seus ramos fundamentais de ordem administrativa, moral, cultural e econômica (art. 102). A Câmara tinha natureza sindical e funcionava como um órgão consultivo. Todos os assuntos de ordem econômica passavam pela Câmara.

Os sindicatos representam empregados e empregadores, tendo âmbito nacional. Eles ajustavam contratos coletivos de trabalho, que tinham força obrigatória para todos. Defendiam os interesses dos membros de cada profissão perante o Estado e outros organismos corporativos. Na forma da lei, poderiam exercer funções de interesse público.

O Estatuto de Trabalho Nacional, de 1933, era cópia da Carta del Lavoro italiana.

A Magistratura do Trabalho funciona como um órgão de cúpula do sistema, de forma a estabelecer o equilíbrio nas contendas entre o Capital e o Trabalho.

Entendia Salazar que o Estado era "o mais fecundo instrumento do progresso e da economia da nação". Ele pensava que foi criada uma "economia autodirigida".

Dizia Salazar que "a ditadura deve resolver o problema político português como um meio, não como um fim em si. Há que contrapor a um e outro extremo do Estado forte, mas limitado pela moral e pelos princípios de direito das gentes, pelas garantias e liberdade individuais que são a exigência superior da solidariedade social. Esse conceito deve informar a organização e movimento do Estado português na realização de sua finalidade histórica". "É preciso afastar de nós o impulso tendente à formação do que poderia chamar-se o Estado totalitário...". "A nação é para nós una e eterna; nela não existem classes privilegiadas nem classes diminuídas. O povo somos nós todos, mas a igualdade não se opõe e a justiça exige que onde há maior necessidade aí seja maior a solicitude: não se é justo se não é humano"[190].

---

[190] SALAZAR, Antônio Oliveira. *Discurso*. Coimbra, 1935.

Salazar governou Portugal até 1968, quando teve uma doença grave e foi substituído por Marcelo Caetano. Este manteve a política ditatorial do regime salazarista até 25 de abril de 1974.

25.7 Espanha

O Generalíssimo Francisco Franco Bahamonde, o *Caudillo* do Estado Espanhol, desenvolveu o Franquismo, a partir do fim da Guerra Civil Espanhola em 1939 até sua morte e sucessão em 20 de novembro de 1975.

Em 1937, foi criado o partido único: a Falange.

A guerra de Franco tinha o apoio externo da Alemanha nazista, da Itália fascista e do português Salazar.

Terminada a Guerra Civil em 1939, Franco passou a ser o Chefe de Estado.

Foi estabelecido um estado autoritário. Havia restrição da liberdade de opinião, de associação e de reunião.

Foi formado o Conselho de Defesa Nacional. Houve a união de poderes na pessoa de Franco.

Eram proibidas as associações de trabalhadores e de empregadores. O sindicalismo era estabelecido de forma vertical.

Foi criado o Fuero del Trabajo em 1938. Havia a regulação do horário de trabalho e descanso. O trabalho tinha proteção estatal. Foram criados a Magistratura Trabalhista e os sindicatos verticais, que são aqueles que agruparam empregadores e trabalhadores igualmente. Isso acabava impossibilitando os acordos. Eram subordinados às decisões do Estado. Em 1958, foi estabelecida a Lei dos Acordos Coletivos.

O Servicio Nacional del Trigo, criado em 1937, era um organismo de coordenação econômica destinado a proteger a grande produção de cereais e a intervir no mercado interno. O Servicio atuou como principal instrumento de intervenção do Estado no setor agrário e como instituição de defesa dos grandes proprietários da Andaluzia e estremenhos. Foi instituída em 1939 a política nacionalista de colonização de terras.

Franco foi sucedido pelo Rei Juan Carlos I em 1975, sendo daí instituída a monarquia parlamentarista.

25.8 Brasil

No Brasil, o regime corporativo surge a partir da Constituição de 10 de novembro de 1937, implantado por Getúlio Vargas. Getúlio legislava por decreto-lei, não funcionando o legislativo, e não havia partidos políticos. Nos Estados, havia interventores federais nomeados pelo ditador. Os prefeitos eram nomeados pelos interventores estaduais. Ele criou: o imposto sindical; o poder normativo, que foi atribuído à Justiça do Trabalho, de estabelecer normas e condições de trabalho por meio de sentença normativa e do sindicato único - hipóteses que ainda são observadas nos dias atuais.

O art. 140 da Carta Constitucional de 1937 era claro no sentido de que a economia era organizada em corporações, sendo consideradas órgãos do Estado, exercendo função delegada de poder público.

O Conselho de Economia Nacional tinha por atribuição promover a organização corporativa da economia nacional (art. 61, *a*). Dizia Oliveira Viana, sociólogo e jurista - que foi o inspirador de nossa legislação trabalhista da época - que o liberalismo econômico era incapaz de preservar a ordem social, daí a necessidade da intervenção do Estado para regular tais situações.

Instituiu a Constituição de 1937 o sindicato único, imposto por lei, vinculado ao Estado, exercendo funções delegadas de poder público, podendo haver intervenção estatal direta em suas atribuições. Foi criado o imposto sindical, como uma forma de submissão das entidades de classe ao Estado, pois este participava do produto de sua arrecadação. Estabeleceu-se a competência normativa dos tribunais do trabalho, que tinha por objetivo principal evitar o entendimento direto entre trabalhadores e empregadores. A greve e o *lockout* foram considerados recursos antissociais, nocivos ao trabalho e ao capital, e incompatíveis com os interesses da produção nacional (art. 139). Em razão disso, havia a imposição de condições de trabalho, pelo poder normativo, nos conflitos coletivos de trabalho. Essas regras foram copiadas literalmente da Carta del Lavoro italiana.

O corporativismo diz respeito à organização sindical, a suas corporações ou associações, destinando-se a unificar toda a economia nacional.

26 O Estado e a Igreja

Richelieu já disse que os indivíduos podem conservar-se unificados pelo príncipe, mesmo quando divididos pela fé.

A sociedade civil não é uma sociedade perfeita. Daí a pessoa vai buscar outras opções, inclusive o aspecto espiritual.

Georges Burdeau leciona que a diversidade de crenças pode estabelecer diversas Igrejas, nunca diversos Estados[191].

Até a extinção do Império Romano, há uma indiferença entre o Estado e a Igreja.

Na Idade Média, o Papa São Gelásio I (492-496) dizia que "considerando a fraqueza humana, Deus quis separar o poder espiritual do poder temporal, porque a concentração desses dois poderes em uma única mão pode ocasionar deploráveis abusos". Cria a teoria da coexistência e separação dos dois poderes: o Bispo, no âmbito eclesiástico, é superior ao Imperador. O Imperador é superior ao Bispo nas coisas laicas.

No reinado de Carlos Magno, a Igreja entrou em declínio. Durante dois séculos, os Imperadores escolhiam os Papas. A investidura dos Bispos era feita pela investidura secular, com exclusiva competência do poder civil.

O Papa Inocêncio III dizia que "o Papa fica entre o homem e Deus; é menos do que Deus, porém mais do que o homem. O papa julga a todos e não é julgado

[191] BURDEAU, Georges. *Traité de science politique*. Paris: 1957, p. 370.

por ninguém". Ele coroou vários imperadores. Mostra, o período, a supremacia da Igreja católica sobre os governos civis.

No século XI, o Papa Gregório VII estabeleceu a supremacia do poder espiritual sobre o poder temporal. O Imperador Henrique VI recusou-se a reconhecer os direitos da Igreja quanto à nomeação dos bispos. O papa o excomungou e o declarou deposto do trono. Henrique IV fez longa viagem atravessando os Alpes, no período de rigoroso inverno, até o castelo de Canossa, na Lombardia, para pedir perdão ao Papa. O Papa recusou-se a recebê-lo durante três dias. Henrique IV se submeteu a extrema humilhação de, na madrugada, descalço, ir até o portão do castelo, onde bateu durante todo o dia implorando perdão. Depois de dois dias, o Papa concordou em discutir quais seriam as condições do perdão. O rei teria de submeter sua coroa à decisão dos nobres e deveria submeter ao Papa tudo o que fosse do interesse da Igreja. A partir daí o coroamento dos reis dependia da confirmação da Igreja. Na França, os reis eram coroados na Catedral de Reims.

Santo Agostinho (1226-1274) defendia que o papa era o representante de Deus na terra. Não deveria haver confusão entre a Igreja e o Estado: "Incumbe à Igreja a direção das almas, e ao Estado a direção dos corpos; e assim, cada uma destas instituições tem o seu domínio peculiar e não deve invadir a área própria da outra". Em caso de conflito, cabe ao poder espiritual decidir em última instância se o imperador cometeu pecado.

No século XIV, Felipe, o Belo, da França passou a estabelecer impostos sobre os bens da Igreja. O Papa Bonifácio VIII reagiu a isso de forma incisiva. Publicou três bulas: *Clericis laicos*, *Ausculta fili* e *Unam sanctam*, em que sustentava que a Igreja não poderia ser tributada pelo poder civil e que havia o princípio da supremacia da autoridade eclesiástica sobre a autoridade laica (*omnem creaturam humanam subesse romano pontifici declaramus*). O rei Felipe, por meio do ministro Nogaret, mandou prender o papa.

A cidade de Avignon foi sede da Igreja Católica de 1309 a 1377, quando um conflito entre facções da Igreja em Roma impulsionou o Papa Clemente V a transferir a corte papal para Avignon. Filipe, o Belo, tem um conflito com Bonifácio VIII, pois o papa não permitia que o rei cobrasse tributos da igreja francesa. Filipe elege um papa francês, Bertrand de Got (Clemente V). Persuade o papa a sair de Roma e se fixar em Avignon. O Papa Clemente V foi levado pelo rei, sem possibilidade de discussão, para residir em Avignon. Houve sete Papas que lá residiram entre 1309 e 1377: Clemente V; João XXII; Bento XII; Clemente VI; Inocêncio VI; Urbano V; e Gregório XI. Clemente VII permaneceu na cidade durante todo o seu pontificado 1378-1394, enquanto que Bento XIII viveu lá até a fuga para Aragão.

Em 1453, os turcos conquistaram Constantinopla. Quando o sultão esmaelita sentou no trono do imperador, cessou o poder do papa em todo o Oriente.

O Estado francês sofre influência da Igreja Católica, que passa a ser a residência de sete papas franceses entre 1309 a 1378.

No século XVI, o protestantismo se inicia com reação às doutrinas e práticas da Igreja Católica romana. Seguidores de Martinho Lutero fundaram igrejas luteranas na Alemanha e na Escandinávia. Lutero, em 1520, enviou uma carta ao papa chamada "A Liberdade de um Cristão", afirmando "eu não me submeto a leis ao interpretar a palavra de Deus". João Calvino fundou igrejas presbiterianas na Suíça e na França, onde houve outros reformadores, como Ulrico Zuinglio. Outras igrejas foram se formando na Inglaterra e na Escócia.

O Rei de Piemonte, em 1848, conquistou Roma, fazendo a sede do seu governo e capital do reino unido da Itália. O Papa Pio IX não reconheceu o domínio do rei sobre Roma. Ficou enclausurado no Palácio do Vaticano, recusando-se a sair nas ruas. O mesmo ocorreu com Leão XIII, Pio X, Bento XV e Pio XI.

O Papa Leão XIII, na encíclica *Libertas*, informa que a Igreja não rejeita nenhuma das formas de governo, desde que sejam aptas para prover o bem-estar das pessoas, não violem os direitos de ninguém, e, principalmente, guardem respeito absoluto aos direitos da Igreja. Na encíclica *Imortale Dei* declarou que "Deus distribuiu assim o governo do gênero humano entre duas potências: o poder eclesiástico e o poder civil; aquele preposto às coisas divinas e este às coisas humanas. Cada um desses poderes, em seu gênero, é superior ao outro; cada um tem os seus limites perfeitamente determinados por sua natureza e destino especial; cada um tem, portanto, a sua esfera própria, na qual se move e exerce de pleno direito a sua ação. Exercendo-se, porém, sua autoridade sobre os mesmos assuntos, pode suceder que uma só e mesma coisa seja, a títulos diferentes, submetida à jurisdição de uma e outra potência...". Aduz que: "É preciso que haja entre as duas forças uma união cheia de harmonia, que se pode justamente comparar à união que existe entre a alma e o corpo".

Em 1918, o Papa Bento XV dizia que em caso de conflito, a autoridade da Igreja deve prevalecer sobre a autoridade temporal.

Pelo tratado firmado em 1929 por Mussolini e Pio XI, a Igreja reconheceu o Estado italiano. O governo, por seu turno, reconheceu o Estado do Vaticano, que inclui o palácio papal, a catedral de São Pedro, a praça de São Pedro e uma pequena área.

27

Comunidade Internacional

27.1 Introdução

Inicialmente, os conflitos eram resolvidos pela imposição da força dos mais fortes em relação aos mais fracos.

Posteriormente, os conflitos passaram a ser resolvidos por intermédio de um árbitro.

A sociedade internacional vai se transformando no curso do tempo pelo aparecimento de organismos internacionais que têm por objetivo exprimir a vontade deles e defender os seus interesses.

27.2 Sociedade das Nações

A Sociedade das Nações nasceu da Conferência de Versalhes de 1919, com o término da Primeira Guerra Mundial, por sugestão do presidente dos Estados Unidos, Woodrow Wilson. Funcionou de 16 de janeiro de 1920, data da primeira reunião de seu Conselho em Paris, até abril de 1946, quando foi dissolvida em Genebra.

A Convenção de Haia não permite o uso da força antes de serem esgotados os meios pacíficos do arbitramento.

27.3 Organização das Nações Unidas

A Carta das Nações Unidas, aprovada em 26 de junho de 1945, na conferência mundial reunida em São Francisco, na Califórnia, tem em seu preâmbulo os seguintes aspectos: preservar as gerações vindouras do flagelo da guerra que, por duas vezes, no espaço de nossa vida trouxe sofrimentos indizíveis à humanidade e a reafirmar a fé nos direitos fundamentais do homem, na dignidade e no valor do ser humano, na igualdade de direitos dos homens e das mulheres, assim como das nações grandes e pequenas; estabelecer condições sob as quais a justiça e o respeito às obrigações decorrentes de tratados e de outras fontes do Direito Internacional possam ser mantidos; promover o progresso social e melhores condições de vida dentro de uma liberdade mais ampla; praticar a tolerância e viver em paz com os outros como bons vizinhos; unir nossas forças para manter a paz e a segurança internacionais, e garantir, pela aceitação de princípios e a instituição de métodos, que a força armada não será usada a não ser no interesse comum; empregar um mecanismo internacional para promover o progresso econômico e social de todos os povos. Prevê a proibição o uso da violência armada para resolver os conflitos entre os Estados. As organizações não poderiam intervir nos negócios da competência nacional de um Estado (art. 2º, § 7º).

A Organização das Nações Unidas não é um Estado, mas uma organização. Não tem soberania. Tem personalidade jurídica de Direito Internacional Público. Tem sede em Nova York.

São objetivos da ONU: (a) manter a paz e a segurança internacionais; (b) desenvolver relações de amizade entre os Estados, com base nos princípios da igualdade de direitos e da autodeterminação dos povos; (c) obter a cooperação internacional para resolver problemas econômicos, sociais, culturais ou humanitários, bem como para promover e estimular o respeito aos direitos humanos e às liberdades fundamentais da pessoa humana; (d) ser um centro destinado a harmonizar a ação dos Estados para a consecução dos objetivos comuns (art. 1º da Carta das Nações Unidas).

A Assembleia Geral é constituída de todos os membros da organização. Cada membro tem direito a um voto.

O Conselho de Segurança tem atribuições deliberativas e executivas. O Conselho Econômico e Social faz elaboração de estudos e relatórios sobre questões internacionais de caráter econômico, sociais, culturais, educacionais. O Conselho de Tutela relaciona-se com os povos que não sejam autogovernados. A Corte Internacional de Justiça é o órgão judiciário. O Secretariado é encarregado das atividades burocráticas da ONU.

Compreende os seguintes órgãos: Assembleia Geral (composta de todos os membros da Organização); Conselho de Segurança, que é integrado por 15 membros (composto de cinco membros permanentes: China, Estados Unidos, França, Reino Unido e Rússia e dez transitórios); Conselho Econômico e Social (com 18 membros eleitos por três anos); Conselho de Tutela e um Secretariado (órgão administrativo).

A Corte Internacional de Justiça é o órgão judiciário da ONU. Foi criada em 1945. Tem sede em Haia, na Holanda. Foi instituída pelo artigo 92 da Carta das Nações Unidas: "Artigo 92. A Corte Internacional de Justiça será o principal órgão judiciário das Nações Unidas. Funcionará de acordo com o Estatuto anexo, que é baseado no Estatuto da Corte Permanente de Justiça Internacional e faz parte integrante da presente Carta". Ela é composta de 15 juízes. Seus juízes têm mandato de nove anos. A cada três anos há a renovação de um terço. O funcionamento do órgão é permanente.

São organizações da ONU:

1) Organização para Alimentação e Agricultura (FAO), com sede em Roma;

2) Organização das Nações Unidas para a Educação, a Ciência e a Cultura (Unesco), com sede em Paris;

3) Organização das Nações Unidas para o Desenvolvimento Industrial (Unido), com sede em Viena;

4) Fundo das Nações Unidas para a Infância (Unicef – United Nations Children's Fund), que é uma agência especializada da ONU, com sede em Nova York.

São organizações internacionais especializadas:

1) Organização Internacional do Trabalho (OIT), com sede em Genebra;

2) Organização de Aviação Civil Internacional, com sede em Montreal;

3) Organização Mundial de Saúde (OMS), com sede em Genebra;

4) Banco Internacional de Reconstrução e Fomento, com sede em Washington;

5) Fundo Monetário Internacional (FMI), com sede em Washington;

6) Organização Meteorológica Mundial, com sede em Genebra;

7) União Postal Universal, com sede em Berna;

8) União Internacional de Telecomunicações, com sede em Genebra.

O Brasil se submete à jurisdição do Tribunal Penal Internacional a cuja criação tenha manifestado adesão (§ 4º do art. 5º da Constituição).

27.4 Organização dos Estados Americanos

A Organização dos Estados Americanos (OEA) foi fundada em 30 de abril de 1948.

O objetivo da OEA é a defesa do continente americano, assim como de comércio e integração econômica, controle de entorpecentes, repressão ao terrorismo e corrupção, lavagem de dinheiro e questões ambientais.

É considerada organização regional das Nações Unidas. A Carta de constituição da ONU, nos arts. 52, 53 e 54 do capítulo VIII, faz referência a acordos e organismo regionais.

27.5 Organização do Tratado do Atlântico Norte

A Organização do Tratado do Atlântico Norte (Otan) foi criada por tratado em Washington, em 4 de abril de 1949.

É uma organização política que tem objetivos militares.

Seus integrantes têm o compromisso de cooperação estratégica em tempos de paz e auxílio mútuo em caso de guerra ou agressão.

Os Estados integrantes são: Bélgica, França, Noruega, Canadá, Islândia, Holanda, Dinamarca, Itália, Portugal, Estado Unidos, Luxemburgo e Reino Unido, que são os fundadores. Posteriormente aderiram: Alemanha, Espanha, Letônia, Bulgária, Estônia, Lituânia, Romênia, Eslováquia, Grécia, Polônia, Turquia, Eslovênia, Hungria, República Checa, Albânia e Croácia.

27.6 União Europeia

Saint-Simon publicou em 1814 um projeto falando dos Estados Unidos da Europa. Ele fazia referência ao problema europeu sobre o terreno de interesses comuns e de engajamento sólido. Propôs a eleição de deputados europeus pelas corporações ou profissões que os representassem. Segundo ele, deveria haver um grande parlamento, que regeria a Europa e julgaria os litígios entre governos, redigiria um código de moral e que ainda teria entre os povos europeus a base de toda associação política, conformidade de instituições, uniões de interesses, relações de máximas, comunidade de moral e de instrução pública[192].

Victor Hugo, em 1848, na Primavera dos Povos, afirmou que, um dia, todas as nações do continente, sem perder suas qualidades distintas e a sua gloriosa individualidade, vão se fundir diretamente numa unidade superior que constituirá a fraternidade europeia. Em 21 de agosto de 1849, pronunciou um discurso em Paris, durante o Congresso da Paz: Um dia virá quando veremos dois grupos imensos, os Estados Unidos da América e os Estados Unidos da Europa, situados um diante do outro, estendendo a mão pelos mares, trocando seus produtos, seu comércio, sua indústria,

---

192 Saint-Simon. *De la réorganisation de la société européenne*. Paris: Delaunay, 1814, p. 112.

suas artes, seus gêneros, decifrando o globo, colonizando os desertos, melhorando a criação sob os olhos do Criador, e combinando, juntos, para fazer o bem-estar de todos, essas duas forças infinitas, a fraternidade dos homens e a potência de Deus. O inevitável futuro dos povos é a república. O inevitável futuro da Europa é a federação. No escrito, O futuro, Paris, de 1867, Victor Hugo disse que no século XX haverá uma nação extraordinária. Ela será grande, mas isso não a impedirá de ser livre. Ela será ilustre, rica, pensante, pacífica, cordial ao resto da humanidade. Ela terá a suavidade de um asno. Ela se admirará da glória dos projéteis cônicos e não terá qualquer pena de fazer a diferença entre um general de armada e um açougueiro. Ela considerará o desperdício de sangue humano como inútil. Essa nação terá por capital Paris e não se chamará França, mas se chamará Europa. Ela se chamará Europa no século XX e nos séculos seguintes ela se chamará Humanidade.

A Comunidade Europeia do Carvão e do Aço (Ceca) foi criada pelo Tratado de Paris em 1951, por intermédio de seis países (Europa dos seis): Alemanha, Holanda, Bélgica, França, Itália e Luxemburgo. O objetivo era o intercâmbio de matérias-primas necessárias para a siderurgia. A finalidade era a autonomia na produção. O tratado expirou em 2002. Estabelecia um mercado e impostos alfandegários externos comuns, uma política conjunta para a agricultura, políticas comuns para a circulação da mão de obra e para os transportes. Fundava instituições comuns para o desenvolvimento econômico.

O Tratado de Roma de 1957 criou a Comunidade Econômica Europeia (CEE). Era uma entidade supranacional, tendo capacidade própria de financiamento. O mesmo tratado criou a Comunidade Europeia de Energia Atômica. Essas instituições fundiram-se em 1965 com as da CECA e as da EURATOM, graças ao Tratado de fusão (ou Tratado de Bruxelas). Aderiram posteriormente à Comunidade Econômica Europeia Reino Unido, Irlanda e Dinamarca (1973), Grécia (1981) e, em 1986, Portugal e Espanha.

A União Europeia é originária da Comunidade Econômica Europeia (CEE) e da Comunidade Europeia do Carvão e do Aço (Ceca). Entrou em funcionamento em 1993, a União, em razão da celebração do Tratado de Maastrich de 1992. Foram suprimidas as barreiras alfandegárias em 1992.

O Tratado de Amsterdã de 1999 estabeleceu os princípios de liberdade, de democracia e de respeito aos direitos humanos, incluindo explicitamente o princípio do desenvolvimento sustentável. Em 2001, foi assinado o Tratado de Nice, que entrou em vigor em 2003.

Bruxelas é a capital da União Europeia e onde está o seu parlamento.

O Acordo Schengen permite a livre circulação de pessoas entre 30 países europeus, incluindo todos os membros da União Europeia, exceto Irlanda e Reino Unido.

O Tratado de Lisboa, de 13 de dezembro de 2007, modificou as regras jurídicas do espaço Schengen, estabelecendo um "espaço de liberdade, segurança e justiça". Visa à cooperação policial e judiciária com a implementação de políticas comuns no tocante a concessão de vistos, asilo e imigração, mediante substituição do método intergovernamental pelo método comunitário.

O Parlamento Europeu é o órgão máximo da comunidade para o qual são eleitos cidadãos europeus pelo voto direto, a cada cinco anos.

A adesão à União implica perda de parte da soberania do país, devendo observar as regras da comunidade.

O direito comunitário, que é o conjunto das normas da União Europeia, tem hierarquia superior às normas internas de cada país pertencente ao citado bloco. Prevalece sobre o direito local.

Foram criadas a cidadania europeia, com o Tratado de Maastrich, de 1992. Foi estabelecida a moeda única (euro).

Em 1º de maio de 2004, entraram na União Europeia dez novos Estados-membros (Estônia, Letônia, Lituânia, Polônia, República Checa, Hungria, Eslováquia, Eslovênia, Malta e Chipre). Mais tarde, em 29 de outubro de 2004, foi assinado em Roma o tratado que estabelecia a Constituição Europeia.

Em 2013, ingressou na União Europeia a Croácia.

Em 2016, a Grã-Bretanha saiu da União Europeia, o que chamam de Brexit.

Há outros órgãos, como: o Tribunal de Justiça, o Tribunal de Contas, o Comitê Econômico e Social, o Comitê das Regiões, o Banco Central Europeu, com sede em Frankfurt; há, ainda, o Tribunal de Contas Europeu, com sede em Luxemburgo e o Banco Europeu de Investimento.

Hoje, o lema da União Europeia é a unidade na diversidade. A unidade por ser uma união de vários países distintos, que, portanto, têm várias diversidades entre si, como línguas, costumes, histórias etc.

27.7 Mercosul

O Mercosul foi criado em 26 de março de 1991, em Assunção, por Argentina, Brasil, Uruguai e Paraguai.

Foi promulgado o Tratado do Mercosul pelo Decreto n. 350, de 21 de novembro de 1991.

Trata do livre comércio entre os países, mas prevê a livre circulação dos trabalhadores.

Objetiva-se a harmonização das legislações, em virtude da impossibilidade de sua unificação.

A Venezuela também passou a fazer parte do bloco.

27.8 Outros órgãos

A Cruz Vermelha Internacional tem característica de organização humanitária, que auxilia as pessoas vítimas de guerras, presta socorros etc.

O Fundo Monetário Internacional (FMI) é uma organização internacional criada em 1944. Tem sede em Washington. Seu objetivo inicial era de ajudar na reconstrução do sistema monetário internacional no período pós-Segunda Guerra Mundial. Os países contribuem com dinheiro para o fundo por meio de um sistema de quotas a partir das quais os membros com desequilíbrios de pagamento podem pedir fundos emprestados temporariamente. Seu objetivo é zelar pela estabilidade do sistema monetário internacional, por intermédio da promoção da cooperação e da consulta de assuntos monetários.

A Organização Mundial do Comércio (OMC) é uma organização criada com o objetivo de supervisionar e liberalizar o comércio internacional. Surgiu oficialmente em 1º de janeiro de 1995, com o Acordo de Marraquexe, em substituição ao Acordo Geral de Tarifas e Comércio (GATT), que começara em 1948. A organização lida com a regulamentação do comércio entre os seus países-membros; fornece uma estrutura para negociação e formalização de acordos comerciais, e um processo de resolução de conflitos que visa a reforçar a adesão dos participantes aos acordos da OMC, que são assinados pelos representantes dos governos dos Estados-membros. A rodada de negociações atualmente em curso é a Rodada Doha.

27.9 Globalização

Uns adotam o nome globalização. Outros empregam o nome mundialização. Em francês não se fala em globalização, mas em *mondialisation*, como processo de integração econômica ou dos mercados.

Para uns, a globalização vem a ser uma das etapas da evolução histórica da humanidade. Para outros, representa uma nova fase na história econômica.

A globalização já existiu em outras épocas com diferentes denominações.

As descobertas de outros continentes também foram uma forma de globalização, com Cristóvão Colombo descobrindo a América em 1492 e Pedro Álvares Cabral o Brasil, em 22 de abril de 1500. Houve comércio entre os países e até com as pessoas que passaram a residir nas novas terras, importando produtos dos países de origem.

Nos séculos XIV e XV, houve um grande avanço e intensificação no comércio internacional entre certas cidades, principalmente italianas. Foi uma espécie de globalização, com a internacionalização das economias das cidades.

As guerras napoleônicas também foram uma forma de internacionalização.

Roberto Campos afirma que a primeira globalização ocorreu no Império Romano. Havia as conquistas de outros povos, em que eram apreendidos novos costumes. A Segunda globalização foi decorrente das grandes descobertas, como nos séculos XIV e XV. A terceira globalização é observada no século XIX, após as guerras napoleônicas, em que havia a supremacia do liberalismo sobre o mercantilismo. A quarta globalização surge depois da II Guerra Mundial, só atingindo o apogeu com o colapso do regime socialista, em 1989/1991[193].

No início do século, a economia já tinha por base o capitalismo, era aberta, existindo a livre circulação de mercadorias e capitais.

Na Alemanha, costuma ser citado o exemplo da empresa Siemens, que abriu uma filial em Moscou no final do século passado.

Ocorreu também internacionalização com a queda do muro de Berlim e o término da União Soviética. As economias desses países passaram a ser abertas, sujeitas às regras de mercado.

A internacionalização das economias também foi feita por meio de franquias de produtos ou serviços. As franquias já existiam no mercado pelo menos desde a década de 1970, como Dunkin' Donuts e McDonald's. A franquia implica uma forma mais barata de as empresas colocarem seus produtos e serviços em outros países, em razão do menor custo.

Na União Europeia, trabalhadores de baixos salários rumam para países em que o salário é superior.

Empresas vão para os países que têm o menor custo de mão de obra.

A palavra globalização pode ser considerada nova, mas seu conteúdo é o mesmo de outras épocas: a internacionalização das economias ou dos mercados.

Objetiva a globalização obter eficiência e produtividade, com o consequente aumento de lucratividade da empresa.

---

193 CAMPOS, Roberto. A quarta globalização. *O Globo*, 11-5-1997, 1º caderno, p. 7.

28 Direito Constitucional

28.1 Histórico

Aristóteles entendia que a Constituição era o conjunto normativo disciplinador da estrutura da *polis*. A Constituição teria por objeto a organização das magistraturas, a distribuição dos poderes, as atribuições de soberania, e a determinação do fim especial de cada associação política.

Na República romana, a Constituição dizia respeito à organização jurídica do povo.

Na Idade Média, a Constituição passa a ser identificada como Lei Fundamental. Inicialmente, era um conjunto de princípios ético-religiosos e normas costumeiras que disciplinavam a relação entre o rei e os súditos.

A partir do século VI, a Constituição passa a ser uma restrição ao poder do soberano. Na França, era feita distinção entre *lois royaux* e *lois du roi*. As primeiras compreendiam as normas fundamentais. Tinham natureza jusnaturalista e ficavam acima do rei. As últimas eram normas editadas pelo rei, podendo ser modificadas ou revogadas de forma unilateral.

Em 1215, os barões ingleses impuseram a *Magna Charta Libertatum* a João Sem Terra. A Magna Carta constitui um antecedente das Constituições, pois tinha forma escrita e protegia direitos individuais. A nobreza impõe ao monarca a supremacia de uma norma que ele deve observar. Foram limitados poderes do rei.

Em 1628, é elaborada a *Petition of Rights* na Inglaterra, indicando liberdades civis. Era a imposição ao rei da Inglaterra, Carlos I, forçando o respeito aos direitos dos cidadãos. Em 1649, surge o *Agreement of People*, que foi precursor da primeira Constituição escrita: *Instrument of Government*, de Cromwell, aprovado em 1653. Era feita referência a um governo de leis e não de homens.

Em 1689, foi aprovado o *Bill of Rights*, que era uma relação de direitos e garantias dadas ao indivíduo contra o poder estatal.

A primeira Constituição escrita foi a do Estado de Virgínia, nos Estados Unidos, em 1776.

A Constituição dos Estados Unidos surgiu em 1787. Adota a separação de poderes de Montesquieu. Consagrou o governo das leis. Tinha sete artigos.

A Declaração dos Direitos do Homem e do Cidadão, de 1789, é resultado da luta da burguesia contra os privilégios do clero e da nobreza. Afirmava que "toda sociedade na qual não está assegurada a garantia dos direitos nem determinada a separação dos poderes, não tem Constituição" (art. 16).

O constitucionalismo tem origem nas Constituições escritas dos EUA (1787), após a independência das 13 Colônias, e da França, de 1791, logo após a Revolução Francesa. O Estado passa a se organizar. É limitado o poder estatal, assegurando-se direitos e garantias fundamentais.

A Constituição francesa de 1791 previa a soberania popular. Tinha caráter universalista e racionalista.

A partir do término da Primeira Guerra Mundial, surge o que pode ser chamado de constitucionalismo social, que é a inclusão nas constituições de preceitos relativos à defesa social da pessoa, de limitação de normas de interesse social e de garantia de certos direitos fundamentais.

A primeira Constituição que versou sobre o tema foi a do México, em 1917. A segunda Constituição a dispor sobre o assunto foi a de Weimar, de 1919. Previam regras trabalhistas, previdenciárias e econômicas.

Surge nova teoria pregando a necessidade de separação entre o econômico e o social, o que é verificado hoje na Constituição de 1988, que não mais trata dos dois temas de forma reunida, mas em separado. Da mesma forma, preconiza-se um Estado neoliberalista, com menor intervenção nas relações entre as pessoas.

Há também uma classificação que divide os direitos em gerações. Os direitos de primeira geração são os que pretendem valorizar o homem, assegurar liberdades abstratas, que formariam a sociedade civil. São os direitos à liberdade e à igualdade. Os direitos de segunda geração são os direitos econômicos, sociais e culturais, bem como os direitos coletivos e das coletividades. Os direitos de terceira geração são os que pretendem proteger, além do interesse do indivíduo, os relativos ao meio ambiente, ao patrimônio comum da humanidade, à comunicação, à paz.

28.2 Conceitos

Direito Constitucional é o ramo do Direito Público que estuda os princípios, as regras estruturadoras do Estado e garantidoras dos direitos e liberdades individuais[194].

Não pode haver Estado sem Constituição.

A Constituição é o conjunto de princípios e regras relativos à estrutura e ao funcionamento do Estado. Constituição é uma norma, escrita ou costumeira, que regula a forma de Estado e governo, a sua organização.

Não tem a Constituição normas espalhadas, mas um conjunto de normas formando um núcleo.

Na Constituição são encontradas várias regras de Direito Tributário, Civil, Internacional, Administrativo, Penal, do Trabalho, da Seguridade Social etc. Há um pouco de cada um dos outros ramos do Direito.

O economismo vê a Constituição como o modo de produção para a vida material.

O sociologismo encara a Constituição como a forma de ser da sociedade, em decorrência das estruturas sociais. Ferdinand Lassale vê a Constituição no sentido sociológico. A soma dos fatores reais de poder que regem esse país é constituição real e efetiva. A Constituição escrita não passa de "uma folha de papel"[195].

Carl Schmitt entende que a Constituição tem sentido político. É a divisão concreta de conjunto sobre o modo e a forma de existência da unidade política[196].

A Constituição é um documento político. É dirigida a todas as pessoas. Geralmente, tem uma linguagem comum e não técnica.

O juridicismo enxerga a Constituição como regras de direito. Hans Kelsen afirma que, em sentido lógico-jurídico, ela é a norma fundamental hipotética. É o fundamento lógico de validade da Constituição positivada. A concepção jurídica

---

194 JACQUES, Paulino. *Curso de direito constitucional*. Rio de Janeiro: Forense, 1954, p. 23.

195 *¿Que és una Constitución?* Buenos Aires: Sigilo Veinto, 1946, p. 61-62.

196 *Teoria de la constitución*. Madrid: Revista de Derecho Privado, p. 20.

positiva é o conjunto de normas que regula a criação de outras normas. É a lei no seu mais alto grau[197].

28.3 Denominação da Constituição

Constituição vem de *cum + stituto*, *constitutio*, de *constituere* (constituir, construir, edificar, formar, organizar).

Constituição é a organização de alguma coisa. Constituição de uma empresa é uma forma de organizá-la. Constituição é o conjunto dos elementos essenciais de alguma coisa.

Constituição é o ato de constituir, de estabelecer, de formar.

No Império Romano, constituição tinha o sentido das manifestações de vontade normativa provenientes do *princeps*.

Na Idade Média, a palavra era usada para significar regras provenientes do papa, dos sínodos ou do imperador.

A palavra somente passou a ser empregada com o significado atual com a Constituição de Virgínia, nos Estados Unidos.

São empregadas as denominações Carta Magna, Carta Política, Norma Ápice, Lei Fundamental, Lei Magna, Código Supremo, Estatuto Básico, Estatuto Fundamental, Estatuto Supremo para se referir à Constituição.

As expressões Carta Magna ou Carta Política não devem ser empregadas para Constituições que foram votadas, mas apenas para as que foram outorgadas ou impostas às pessoas, o que ocorreu nos regimes totalitários e militares.

Constituição é o conjunto de regras e de princípios que regem a organização de um Estado.

Fernando Lassale leciona que a missão da Constituição "é resumir e estatuir num único documento, em uma folha de papel, todas as instituições e princípios de governo vigentes no país"[198].

28.4 Classificações

Várias classificações podem ser feitas quanto às Constituições.

---

[197] *KELSEN, Hans, Teoria pura do direito*. 2. ed. Coimbra: Armênio Amado, 1962, v. I, p. 2 e 7.

[198] LASSALE, Fernando. *¿Que és una Constitución?* Buenos Aires: Siglo Veinte, 1946, p. 72.

Quanto ao conteúdo, as Constituições podem ser materiais e formais. Constituição em sentido material é o conjunto das normas que irão disciplinar a organização política do país. Constituição em sentido formal é a norma escrita.

No que diz respeito à forma, são escritas e não escritas (costumeiras). Constituição escrita é a codificada e sistematizada num único documento. A Constituição não escrita é o conjunto de regras que não são previstas num único documento, mas são decorrentes de leis esparsas, costumes, convenções. A Constituição inglesa consta de vários textos, que nunca foram codificados. Adota o direito inglês o que se chama de direito comum (*common law*), em que os tribunais estabelecem precedentes sobre questões, sem que exista exatamente uma norma escrita para regular as condutas das pessoas. As primeiras constituições escritas foram editadas nas colônias inglesas da América do Norte. Depois, foi estabelecida a Constituição dos Estados Unidos de 1787, que entrou em vigor em 1789. A maioria dos países adota constituições escritas.

Quanto ao modo de elaboração, são dogmáticas ou históricas. Dogmática é a Constituição escrita e sistematizada pela Assembleia Constituinte, de acordo com princípios. A Constituição histórica é decorrente da formação paulatina da norma no curso do tempo, de acordo com tradições de um povo (exemplo seria o da Constituição inglesa).

Quanto à origem, são promulgadas ou outorgadas. Promulgadas são as Constituições votadas pela Assembleia Constituinte. São normas democráticas. Constituições outorgadas são impostas, geralmente pelo ditador, sem que sejam votadas.

Quanto à estabilidade são imutáveis, rígidas, flexíveis e semirrígidas. São imutáveis as que não podem sofrer qualquer alteração. Rígidas são as que não podem ser alteradas, salvo critérios especiais. Flexíveis são as que podem ser alteradas, segundo o critério de modificações da lei ordinária. Semirrígidas são as que possuem uma parte rígida e outra flexível. Exemplo é o art. 178 da Constituição de 1824: "É só constitucional o que diz respeito aos limites e atribuições respectivas dos poderes políticos, e aos direitos políticos e individuais do cidadão; tudo o que não é constitucional pode ser alterado, sem as formalidades referidas (nos arts. 173 a 177), pelas legislaturas ordinárias".

A Constituição de 1988 é rígida, pois para ser modificada por emenda constitucional necessita de quórum de 3/5 dos membros de cada Casa do Congresso Nacional (§ 2º do art. 60 da Lei Magna).

Quanto à extensão e à finalidade, são analíticas e sintéticas. Analíticas são as normas constitucionais detalhistas, que tratam de muitos assuntos, como a Constituição de 1988. São sintéticas as Constituições que tratam apenas de princípios e normas gerais, estabelecendo direitos e garantias fundamentais.

28.5 Constituições brasileiras

A primeira Lei Magna brasileira foi a Constituição de 25 de março de 1824, denominada de Constituição Política do Império do Brasil. Foi influenciada pelo liberalismo do século XVIII, restringindo a atuação do Estado.

A segunda foi a Constituição da República dos Estados Unidos do Brasil, de 24 de fevereiro de 1891. A Constituição de 1891 teve por base a Constituição americana de 1787 e, em alguns aspectos, as Constituições da Suíça e da Argentina. Visava implantar o modelo federalista. Teve influência das constituições americana e argentina e de Rui Barbosa.

A terceira foi a Constituição da República dos Estados Unidos do Brasil, de 16 de julho de 1934. É fruto da Revolução Constitucionalista de 1932. Teve como influência a Constituição de Weimar de 1919.

A quarta foi a Norma Magna editada por ocasião do golpe de Getúlio Vargas e a instituição do Estado Novo, em 10 de novembro de 1937, denominada Constituição dos Estados Unidos do Brasil. Foi elaborada por Francisco Campos, inspirado na Constituição Polonesa, no regime fascista de Mussolini, no Estado Novo português e talvez na Constituição Estadual do Rio Grande do Sul de 1890, em que são encontrados aspectos corporativistas. O Poder Executivo passa a funcionar como legislador, pois o Presidente da República legislava por decreto-lei, depreciando a função do Poder Legislativo. O poder ficou centralizado em Getúlio Vargas. A Constituição de 1937 era conhecida popularmente como Polaca, em razão da forte influência da Carta constitucional autoritária da Polônia, de 1935.

A quinta foi a Constituição dos Estados Unidos do Brasil, de 18 de setembro de 1946, também conhecida como democrática, pois foi votada.

A sexta foi a Constituição da República Federativa do Brasil, de 24 de janeiro de 1967. Foi editada por ocasião do regime militar e do golpe militar de 1964.

A Emenda Constitucional n. 1, de 17 de outubro de 1969, não é exatamente uma Constituição, mas uma emenda constitucional. Na prática, acaba sendo uma Constituição, pois alterou toda a Constituição de 1967.

A última é a Constituição da República Federativa do Brasil, de 5 de outubro de 1988. Foi inspirada, em parte, nas Constituições portuguesa e italiana e no que havia de mais moderno na época.

A Lei Magna de 1824 foi outorgada pelo imperador D. Pedro I, depois de dissolver a Assembleia Nacional Constituinte.

As Constituições da República de 1891, de 1934, de 1946 e de 1988 foram promulgadas, tendo sido votadas pela Assembleia Nacional Constituinte.

As Constituições de 1937, 1967 e a Emenda Constitucional n. 1/69 foram outorgadas, impostas às pessoas, por regimes ditatoriais.

29 Poder Constituinte

Sieyès defendeu a criação do poder constituinte do povo ou da nação, num panfleto chamado *Qu'est-ce que le tiers État?*, por volta de começo de janeiro de 1789. Havia três ordens: clero, nobreza e povo. O povo, terceiro estado, deve ser representado por deputados tirados dele; ser representado por deputados em número igual a todos os representantes do clero e da nobreza; a votação deveria ser feita por cabeça e não por ordem. O povo representava mais de 100 vezes os outros dois segmentos. Inspirado nessas ideias, o Terceiro Estado foi transformado na Assembleia Nacional constituinte francesa em 1789.

Poder Constituinte é a manifestação da vontade política de um povo em estabelecer regras que irão regular condutas e a própria organização do Estado.

Titular do Poder Constituinte é o povo, sendo exercido por meio da escolha dos representantes no Congresso Nacional.

São espécies de Poder Constituinte, o originário e o derivado.

Implica o Poder Constituinte originário o estabelecimento de uma nova Constituição. Visa a implementação de uma nova ordem político-jurídica. É inicial, ilimitado, autônomo e incondicionado. Não está o Poder Constituinte originário limitado pela Constituição anterior, inexistindo qualquer condição para ser exercido.

Poder Constituinte derivado é a possibilidade de reformar a Constituição vigente, de acordo com regra nela inserida. Compreende um legislador constituinte secundário. O poder constituinte derivado é, por natureza, subordinado e condicionado às determinações já inseridas na Constituição, isto é, limitado ao que está previsto na Lei Maior. Não pode exceder a autorização contida na Constituição para a reforma. No Brasil, a reforma extraordinária é feita por meio de emenda à Constituição.

A Constituição formal é o processo de formação e alteração da Lei Maior.

A Constituição material compreende as matérias constantes da Lei Magna, como as de estrutura, atribuições e competências dos órgãos do Estado.

Reforma constitucional é o gênero, que compreende revisão (art. 3º do ADCT) e emenda (art. 60 da Constituição). Reforma é dar nova forma a algo. Revisão quer dizer modificação, alteração, transformação. A revisão compreende a reconstituição e não a elaboração de outra Constituição, sua substituição ou desconstituição. O certo é, porém, que reforma, revisão, emenda são expressões decorrentes do poder constitucional derivado, previsto na própria Constituição.

O art. 3º do ADCT previa que a revisão constitucional seria "realizada após cinco anos, contados da promulgação da Constituição, pelo voto da maioria absoluta dos membros do Congresso Nacional, em sessão unicameral". Apesar de a revisão ter iniciado em 1993, foram editadas apenas seis emendas de revisão, que começaram a ser promulgadas em 1994.

A revisão constitucional não mais pode ser feita, pois estava prevista no art. 3º do ADCT. Nesta revisão constitucional poderia ser revista toda a Constituição, com exceção das hipóteses contidas no § 4º do art. 60 da Lei Maior. Era possível a revisão, que seria feita de forma unicameral, quer dizer, sem necessidade de passar separadamente pelas duas casas legislativas, e por voto da maioria absoluta, isto é, metade mais um e não por 3/5. A revisão não seria ilimitada, pois teria de observar as limitações contidas no § 4º do art. 60 da Constituição. Trata-se de uma interpretação sistemática feita dentro da própria Constituição.

As limitações constitucionais ao poder de alterar a Lei Maior em questões circunstanciais estão no § 1º do art. 60 da Constituição: a Constituição não poderá ser emendada na vigência de intervenção federal, de estado de defesa ou de estado de sítio (§ 1º do art. 60 da Lei Maior).

Existem limitações formais que são as pertinentes ao processo de reforma da Constituição, que deve atender a certos requisitos, como quórum mínimo de 3/5 de votação no Congresso Nacional em dois turnos (§ 2º do art. 60 da Lei Magna).

Há também limitações materiais, que são chamadas de cláusulas pétreas, decorrentes de pedra, de algo duro, que não pode ser modificado. São dispositivos constitucionais insuscetíveis de ser modificados ou revogados, visando impedir inovações temerárias em certos temas, como de cidadania e do Estado.

As cláusulas chamadas pétreas não podem ser alteradas por reforma, que compreende tanto a revisão como a emenda, salvo por outra Constituição.

É considerada cláusula pétrea a hipótese do § 4º do art. 60 da Constituição, que dispõe: "não será objeto de deliberação a proposta de emenda tendente a abolir: I - a forma federativa de Estado; II - o voto direto, secreto, universal e periódico; III - a separação dos Poderes; IV - os direitos e garantias individuais".

Abolir tem o sentido de revogar, extinguir, nulificar, excluir da Constituição.

Os direitos e garantias individuais vieram à tona para coibir os abusos praticados pelas autoridades, como de João Sem Terra, daí surgindo o *Bill of rights* (*Bill of rights are for the most part reactions against evil of the past rather than promisses for the future*), que eram uma espécie de reação das pessoas contra as dominações do Estado da época.

A Declaração de Virgínia, de junho de 1776, serviu de modelo para os Estados da América do Norte.

A Declaração dos Direitos do Homem e do Cidadão, de 1789, surgiu com a Revolução Francesa. A Revolução Francesa de 1848 e sua Constituição reconheceram o primeiro dos direitos econômicos e sociais: o direito ao trabalho. Foi imposta ao Estado a obrigação de dar meios ao desempregado de ganhar sua subsistência.

O inciso IV do § 4º do art. 60 da Constituição deve ser interpretado restritivamente, pois menciona apenas direitos e garantias individuais. Direitos e garantias individuais são as liberdades clássicas contra a opressão do Estado. Direitos e garantias individuais estão contidos no Capítulo I (Dos Direitos e Deveres Individuais e Coletivos), pois se o constituinte quisesse referir-se aos Direitos e Garantias Fundamentais, que é o Título II da Constituição, teria sido explícito nesse sentido, usando a expressão direitos e garantias fundamentais, o que incluiria os direitos sociais (Capítulo II) e também a nacionalidade (Capítulo III), os direitos políticos (Capítulo IV) e os partidos políticos (Capítulo V), e não direitos e garantias individuais. Pela própria disposição sistemática da Constituição, os direitos e garantias fundamentais são divididos em direitos e garantias individuais (Capítulo I, art. 5º), direitos sociais (Capítulo II), assim como a nacionalidade, os direitos políticos e os partidos políticos. O constituinte não quis, portanto, referir-se a direitos sociais, mas apenas a direitos e garantias individuais, que estão inscritos no art. 5º da Constituição. Isso quer dizer que os direitos sociais podem ser modificados por emenda constitucional. Ainda que se queira fazer distinção entre os direitos sociais individuais e coletivos contidos nos arts. 7º a 11, o constituinte não fez referência a eles para a proposta de emenda constitucional, mas apenas direitos e garantias individuais e não direitos sociais e garantias individuais. Assim, mais uma vez a interpretação deve ser de que apenas os direitos e garantias individuais contidos no art. 5º da Lei Maior não podem ser alterados por emenda constitucional.

O Estado deve se abster de ferir direitos individuais contidos no art. 5º da Constituição, tratando-se de obrigação de fazer, enquanto as normas de direitos sociais contidos no art. 7º são destinadas ao empregador, que não poderá desrespeitar tais direitos mínimos.

30

Preâmbulo das Constituições

A denominação usada normalmente é preâmbulo, mas também podem ser empregados os termos introdução ou prólogo. É a porta de entrada da Constituição.

O preâmbulo mostra o espírito da Constituição, seu conteúdo ideológico. Indica os fundamentos que prevaleceram para a sua edição na Assembleia Constituinte.

Story afirma que "é uma máxima admitida no curso ordinário da Justiça que o preâmbulo de um estatuto revela a intenção do legislador, faz conhecer os males que quis remediar e o fim que quer alcançar. Encontramos essa máxima recomendada e posta na prática pelas nossas mais antigas autoridades em direito comum".

Os fundamentos do poder constituinte foram: Deus, nas teocracias; o povo ou os representantes do povo, nas democracias clássicas. O parágrafo único do art. 1.º da Constituição de 1988 menciona que todo o poder emana do povo, que o exerce por meio de representantes eleitos ou diretamente, nos termos da Constituição; o Estado, nos regimes totalitários e autocráticos; a nobreza, nos regimes aristocráticos; os operários, no comunismo da Rússia.

A Constituição dos Estados Unidos de 1776 afirma no seu preâmbulo: "Nós, o povo dos Estados Unidos, com o objetivo de formar uma união mais perfeita, estabelecer a justiça, assegurar a tranquilidade doméstica, promover a defesa comum, promover o bem-estar geral e assegurar os benefícios da liberdade para nós e para a nossa posteridade, ordenamos e estabelecemos esta Constituição para os Estados Unidos da América".

A Constituição francesa de 1958 menciona no preâmbulo: "O povo francês proclama solenemente sua adesão aos Direitos do homem e aos princípios da soberania nacional, tanto que eles foram definidos pela Declaração de 1789, confirmada e completada pelo preâmbulo da Constituição de 1946 em virtude dos princípios e da livre determinação dos povos, a República oferece aos territórios ultramarinos que manifestem a vontade de aderir às novas instituições fundadas pelo ideal comum da liberdade, da igualdade e da fraternidade e concebidos em vista de sua evolução democrática".

A Constituição do Império de 1824 tinha o seguinte preâmbulo: "DOM PEDRO PRIMEIRO, POR GRAÇA DE DEUS, e Unânime Aclamação dos Povos, Imperador Constitucional, e Defensor Perpetuo do Brasil: Fazemos saber a todos os Nossos Súditos, que tendo-nos requeridos os Povos deste Império, juntos em Câmaras, que Nós quanto antes jurássemos e fizéssemos jurar o Projeto de Constituição, que havíamos oferecido às suas observações para serem depois presentes à nova Assembleia Constituinte mostrando o grande desejo, que tinham, de que ele se observasse já como Constituição do Império, por lhes merecer a mais plena aprovação, e dele esperarem a sua individual, e geral felicidade Política: Nós juramos o sobredito Projeto para o observarmos e fazermos observar, como Constituição, que dora em diante fica sendo deste Império".

A Constituição da República de 1891 tinha o seguinte preâmbulo: "Nós, os representantes do povo brasileiro, reunidos em Congresso Constituinte, para organizar um regime livre e democrático".

A Constituição de 1934 tinha o seguinte preâmbulo: "Nós, os representantes do povo brasileiro, pondo a nossa confiança em Deus, reunidos em Assembleia Nacional Constituinte para organizar um regime democrático, que assegure à Nação a unidade, a liberdade, a justiça e o bem-estar social e econômico".

A Constituição de 1937 tinha o seguinte preâmbulo: "O PRESIDENTE DA REPÚBLICA DOS ESTADOS UNIDOS DO BRASIL, ATENDENDO às legitimas aspirações do povo brasileiro à paz política e social, profundamente perturbada por conhecidos fatores de desordem, resultantes da crescente a gravação dos dissídios partidários, que, uma, notória propaganda demagógica procura desnaturar em luta de classes, e da extremação, de conflitos ideológicos, tendentes, pelo seu desenvolvimento natural, resolver-se em termos de violência, colocando a Nação sob a funesta iminência da guerra civil; ATENDENDO ao estado de apreensão criado no País pela infiltração comunista, que se torna dia a dia mais extensa e mais profunda, exigindo remédios, de caráter radical e permanente; ATENDENDO a que, sob as instituições anteriores, não dispunha o Estado de meios normais de preservação e de defesa da paz, da segurança e do bem-estar do povo; Sem o apoio das forças armadas e cedendo às inspirações da opinião nacional, umas e outras justificadamente apreensivas diante dos perigos que ameaçam a nossa unidade e da rapidez com que se vem processando a decomposição das nossas instituições civis e políticas; Resolve assegurar à Nação a sua unidade, o respeito à sua honra e à sua independência, e ao povo brasileiro, sob um regime de paz política e social, as condições necessárias à sua segurança, ao seu bem-estar e à sua prosperidade".

A Constituição de 1946 tinha o seguinte preâmbulo: "A Mesa da Assembleia Constituinte promulga a Constituição dos Estados Unidos do Brasil e o Ato das Disposições Constitucionais Transitórias, nos termos dos seus arts. 218 e 36, respectivamente, e manda a todas as autoridades, às quais couber o conhecimento e a execução desses atos, que os executem e façam executar e observar fiel e inteiramente como neles se contêm".

A Constituição de 1967 previa: "O Congresso Nacional, invocando a proteção de Deus, decreta e promulga a seguinte Constituição do Brasil".

O preâmbulo da Constituição de 1988 mostra os princípios contidos no seu texto, estando assim redigido: "Nós, representantes do povo brasileiro, reunidos em Assembleia Nacional Constituinte para instituir um Estado Democrático, destinado a assegurar o exercício dos direitos sociais e individuais, a liberdade, a segurança, o bem-estar, o desenvolvimento, a igualdade e a justiça como valores supremos de uma sociedade fraterna, pluralista e sem preconceitos, fundada na harmonia social e comprometida, na ordem interna e internacional, com a solução pacífica das controvérsias, promulgamos, sob a proteção de Deus, a seguinte Constituição".

Mostra o preâmbulo da Constituição do Estado de São Paulo, de 5 de outubro de 1989, que: "O Povo Paulista, invocando a proteção de Deus, e inspirado nos princípios constitucionais da República e no ideal de a todos assegurar justiça e bem-estar, decreta e promulga, por seus representantes, a CONSTITUIÇÃO DO ESTADO DE SÃO PAULO".

O preâmbulo da Constituição não é exatamente um comando normativo, mas um enunciado de propósitos ou resumidamente dos fundamentos ou princípios nela contidos.

Muitas vezes se verifica no preâmbulo o nome de Deus, o que indica um fundamento religioso. Mostra que Deus orienta e dirige a vida das pessoas.

Referências

ACQUAVIVA, Marcos Cláudio. *Teoria geral do Estado.* 2. ed. São Paulo: Saraiva, 2000.

ANDRADE, José Carlos Vieira de. *Os direitos fundamentais na Constituição portuguesa de 1976.* Coimbra: Almedina, 1987.

AQUINO, Santo Tomás de. *Suma teológica.* Odeon, 1936.

ARISTÓTELES. *A política.* Trad. de Nestor Silveira Chaves. Rio de Janeiro: Ed. de Ouro,1965.

ASCENSÃO, José de Oliveira. *O direito*: introdução e teoria geral. Lisboa: Fundação Calouste Gulbenkian, 1978.

AUSTIN, John. *Lecture on jurisprudence.* 1870. v. II.

________. *The province of jurisprudence determined.* Conferencia V, London: Hart, 1954.

AZAMBUJA, Darcy. *Teoria geral do Estado.* 5. ed. Porto Alegre: Globo, 1969/37. ed. 1997.

BACCHOF, Otto. *Normas constitucionais inconstitucionais*? Coimbra: Atlântida, 1977.

BASTOS, Celso; MARTINS, Ives Gandra da Silva. *Comentários à Constituição do Brasil.* São Paulo: Saraiva, 1988. v. 1.

BEAUMANOIR, Philippe. *La coutume de Beauvoisis.* Bejgnot, 1842, II.

BONAVIDES, Paulo. *Curso de direito constitucional.* 4. ed. São Paulo: Malheiros, 1993/9. ed., 2000.

________. *Do estado liberal ao estado social.* 4. ed. Rio de Janeiro: Forense, 1980.

________. *Teoria do Estado.* 3. ed. São Paulo: Malheiros, 1999.

BOBBIO, Norberto. *A teoria das formas de governo.* 8. ed. Brasília: Editora Universidade de Brasília, 1995.

________. *Direito e estado no pensamento de Emanuel Kant.* 4. ed. Editora Universidade de Brasília, 1997.

________. *Liberalismo e democracia.* 6. ed. São Paulo: Brasiliense, 1994.

________. *O futuro da democracia:* uma defesa das regras do jogo. 6. ed. São Paulo: Paz e Terra, 1997.

BOULANGER, Jean. Principes généraux du droit positif: le droit privé français au milieu du siècle. *Études offertes à Georges Ripert.* Paris: LGDJ, 1950.

BRAUD, Philippe. *La notion de liberté publique en droit français.* Paris: Librarie Générale de Droit et de Jurisprudence, 1968.

BURDEAU, Georges. *Droit constitucionnel et institutions politiques.* Paris: Librairie Général de Droit et de Jurisprudence, 1972.

________. *Traité de science politique.* 2. ed. Paris: LGDJ, 1977. t. VII.

BURDESE, Alberto. *Manuale di diritto pubblico romano.* Torino: Utet, 1966

CALMON, Pedro. *Curso de direito público.* Rio de Janeiro: Freitas Bastos, 1938.

CANOTILHO, José Joaquim Gomes. *Direito constitucional.* 5. ed. Coimbra: Almedina, 1992.

________; MOREIRA, Vital. *Constituição da República portuguesa anotada.* Coimbra: Coimbra Editora, 1980.

CASTRO, Araújo. *A nova constituição brasileira.* Rio de Janeiro: Freitas Bastos, 1936.

CATHREIN, Victor. *Filosofia del derecho.* Madrid: Reus, 1958.

CATTANEO, Mario A. Positivismo giuridico. *Novissimo digesto italiano.* Turim: Utet, 1966. XIII.

CHÂTELET, François. *A filosofia e a história.* Direção de François Châtelet. Rio de Janeiro: Zahar, 1974.

CICCO, Cláudio de; GONZAGA, Alvaro de Azevedo. *Teoria geral do Estado e ciência política.* 6. ed. São Paulo: Revista dos Tribunais, 2015.

CÍCERO, Marco Túlio. *Da República*, Livro I, § XXV.

CLÈVE, Clèmerson Merlin. *Atividade legislativa do Poder Executivo no Estado contemporâneo e na Constituição de 1988.* São Paulo: Revista dos Tribunais, 1993.

COKER, Francis W. The techinique of the pluralistical State. *The American Political Science Review*, v. 15, 1921.

CRETELLA JR., José. *Comentários à Constituição de 1988*. 3. ed. Rio de Janeiro: Forense Universitária, 1992.

DABIN, Jean. *La philosophie de l'ordre juridique positif*. Paris: Sirey, 1929.

DALLARI, Dalmo de Abreu. *Elementos de teoria geral do Estado*. 11. ed. São Paulo: Saraiva, 1985/19. ed. 1995/33. ed. 2016.

________. *Da atualização do Estado*. São Paulo: São Paulo, 1963.

________. *O futuro do Estado*. São Paulo: Moderna, 1980.

DEL VECCHIO, Giorgio. *Leçons de philosophie du droit*. Paris: Sirey, 1936.

________. *Teoria do Estado*. São Paulo: Saraiva, 1957.

DINIZ, Maria Helena. *Norma constitucional e seus efeitos*. São Paulo: Saraiva, 1989.

DONATI, Donato. *Stato e territorio*. Roma, 1924.

DUGUIT, Léon. *Le droit social, et le droit individuel et la transformation de l' état*. Paris: Boccard.

________. *Leçons de droit public genéral*. Paris: Boccard, 1926.

________. *Manoel de droit constitutionnel*. 3. ed. Paris: Boccard, 1928. v. 1.

________. *Traité de droit constitutionnel*. Paris: Boccard, 1927. v. 1.

FERREIRA FILHO, Manoel Gonçalves. *A reconstrução da democracia*. São Paulo: Saraiva, 1979.

________. *Comentários à Constituição brasileira de 1988*. São Paulo: Saraiva, 1990. v. 1.

________. *Do processo legislativo*. São Paulo: Saraiva, 1968.

FERREIRA, Luís Pinto. *Teoria geral do Estado*. 3. ed. São Paulo: Saraiva, 1975.

FIGUEIREDO, Marcelo. *Teoria geral do Estado*. São Paulo: Atlas, 1993/ 2. ed. São Paulo: Atlas, 2001.

GARCIA MÁYNEZ, Eduardo. *Introdución al estudio del derecho*. México: Porrúa, 1968.

GIERKE, Otto von. *Les theories politique du moyen âge*. Paris: 1914.

________. *Natural law and the theory of society*. Cambridge: 1950.

GROPPALI, Alexandre. *Doutrina do Estado*. 2. ed. São Paulo: Saraiva, 1962.

HAURIOU, Maurice. La théorie de l'institution el la fondation. *Cahiers de la Nouvelle Journée*, n. 4, 1925.

________. *Príncipes de droit public*. 2. ed. Paris: Sirey, 1916.

HEGEL, George Wilhelm Friedrich. *Lecciones sobre la filosofia de la historia universal*. Madrid: 1928. v. I.

HEINRICH, Walter. *Staat und Wirtschaft*. Berlim, 1931.

HOBBES, Thomas. *Leviatã*. São Paulo: Abril Cultural, 1974. v. XIV (Os Pensadores).

JACQUES, Paulino. *Curso de direito constitucional*. Rio de Janeiro: Forense, 1954.

________. *Democracia parlamentar*. Rio de Janeiro, 1947.

JELLINEK, Georg. *Dottrina generale dello stato*. Milano: 1921.

________. *La revision et les transformations des Constitutions*. Paris: 1906.

________. *L' état moderne et son droit*. Paris: 1913, II.

________. *Teoría general del Estado*. Buenos Aires: Albatros, 1943.

JHERING, Rudolf von. *A evolução do direito*. Lisboa: José Bastos, s.d.p.

________. *A luta pelo direito*. Paris: 1890.

________. *Der Zweck im Recht. Zweite Umgearbeitete Auflage ErsterBand*. Leipizg: Druck und Verlag von Brtkopp & Härtel, 1884.

________. *El fin en el derecho*. Madrid.

KELSEN, Hans. *Problemas fundamentais de direito público*, 1911.

________. *Teoría general del Estado*. Mexico: Nacional, 1959.

________. *Teoria geral do direito e do Estado*. São Paulo: Martins Fontes, 1995.

________. *Teoria pura do direito*. São Paulo: Martins Fontes, 1997.

LAFERRIÈRE, Julien. *Manuel de droit constitutionnel*. 2. ed. Paris: Domat, 1947.

LASSALE, Ferdinand. *A essência da Constituição*. Rio de Janeiro: Liber Juris, 1985.

________. *O que é uma Constituição*. Rio de Janeiro: Laemmert, 1969

LEGAZ Y LACAMBRA, Luis. *Filosofia del derecho*. 3. ed. Barcelona: Bosch, 1972.

LEROY-BEAULIEU, Paul. *L'Etat moderne et sés fonctions*. Paris: Guillaumin, 1891.

LIMA, Eusébio Queiros. *Teoria do Estado*. Rio de Janeiro: Freitas Bastos, 1930; 1943.

LOCKE, John. *The second treatise of civil government*. Oxford: Basil Blackwell, 1948.

LOEWENSTEIN, Karl. *Political power and the governmental process*. Chicago: The University of Chicago Press, 1965.

________. *Teoria de la Constitución*. Ariel Derecho, 4. reimp. em 1986 da 2. ed.

MALUF, Said. *Teoria geral do Estado*. 23. ed. São Paulo: Saraiva, 1995/32. ed., 2016.

MAQUIAVEL, Nicolau. *O príncipe*. XIX.

MARTINS, Sergio Pinto. *Instituições de direito público e privado*. 18. ed. São Paulo: Saraiva, 2018.

________. *O pluralismo do direito do trabalho*. 2. ed. São Paulo: Saraiva, 2016.

MAXIMILIANO, Carlos. *Comentários à Constituição brasileira*. Rio de Janeiro: Jacinto Ribeiro, 1918.

MENEZES, Anderson de. *Teoria geral do Estado*. 4. ed. Rio de Janeiro: Forense, 1984.

MIRANDA, Jorge. *Manual de direito constitucional*. Coimbra: Coimbra Editora, 1983. t. II.

MONTESQUIEU. *O espírito das leis*. São Paulo: Abril Cultural, 1973 (Os Pensadores).

MORAES, Alexandre de. *Direito constitucional*. 11. ed. São Paulo: Atlas, 2002.

MORAES, Bernardo Ribeiro de. *Compêndio de direito do trabalho*. Rio de Janeiro: Forense, 1984.

PANNUNZIO, Sergio. *Lo stato*. Roma, 1929.

PASQUIER, Claude du. *Introduction à la theorie génerale et à la philosophie du droit*. Paris: Delachoux e Niestlé, 1978.

PAUPERIO, Arthur Machado. *O conceito polêmico de soberania e sua revisão contemporânea*. Rio de Janeiro: Freitas Bastos, 1949.

________. *Teoria geral do Estado*. 5. ed. Rio de Janeiro: Forense, 1967/6. ed., 1971.

PRÉLOT, Marcel. Le gouvernement fasciste. *Archives de Philosophie de Droit et de Sociologie Juridique*, 3/4:99-115, 1934.

RADBRUCH, Gustav. *Introducción a la filosofia del derecho*. México: 1955.

RANELETTI, Oreste. *Istituzioni di diritto pubblico*. Milão: Giuffrè, 1955, Parte Geral.

RANGEL, Vicente Marotta. *Natureza jurídica e delimitação do mar territorial*. 2. ed. São Paulo: Revista dos Tribunais, 1965.

REALE, Miguel. *O direito como experiência*. 2. ed. São Paulo: Saraiva, 1999.

________. *Filosofia do direito*. 6. ed. São Paulo: Saraiva, 1972.

________. *Fundamentos do direito*. 3. ed. São Paulo: Revista dos Tribunais, 1998.

________. *Teoria do direito e do Estado*. São Paulo: Saraiva, 1940/2. ed., Martins, 1960; 3. ed., 1970; 4. ed., 1984; 5. ed. São Paulo: Saraiva, 2000.

RENAN, Ernest. Qu'est-ce qu'une nation? In: *Discours et conférences*. Paris: Sorbonne, 1887.

RENARD, Georges. *La philosophie de l'institution*. Paris: 1939.

________. *Le droit, l'ordre et la raison*. Paris: Sirey, 1927.

ROMANO, Santi. *Principii di diritto constituzional generale*. 2. ed. Milano: Dott A. Giuffrè, 1947.

ROUSSEAU, Jean-Jacques. *Du contrat social*. Paris: Egloff, 1946.

SALVETTI NETTO, Pedro. *Curso de teoria do Estado*. 4. ed. São Paulo: Saraiva, 1981.

SILVA, José Afonso da. *Curso de direito constitucional positivo*. 13. ed. São Paulo: Malheiros, 1997.

SOUSA, José Pedro Galvão de. *Iniciação à teoria do Estado*. São Paulo: Revista dos Tribunais, 1976.

________. *O estado tecnocrático*. São Paulo: Saraiva, 1973.

TOJAL, Sebastião Botto de Barros. *Teoria geral do Estado*: elementos de uma nova ciência social. Rio de Janeiro: Forense, 1997.

VECCHIO, Giorgio Del. *Lições de filosofia do direito*. Coimbra: Armênio Amado, 1959.

________. *Teoria do Estado*. São Paulo: Saraiva, 1957.

VILLANOVA, Lourival. *As estruturas lógicas e o sistema do direito positivo*. São Paulo: Max Limonad, 1997.

WILSON, Francis. A relativistic view of sovereignty. *Political Science Quartely*, v. 49, 1934.

ZANZUCCHI, Marco Tullio. *Istituzioni di diritto pubblico*. Milão: Giuffrè, 1948.

Índice Alfabético-Remissivo

(A numeração do índice se refere ao capítulo e ao item do capítulo.)